阅读推广服务质量管理研究

张泸月 著

科学出版社

北京

内 容 简 介

伴随着阅读推广服务的深度开展,如何将有限的阅读推广资源进行科学合理的布局,完善推广活动外部和内部质量保障体系,提升推广服务成效,实现推广资源价值最大化成为阅读推广领域亟待解决的重要问题。本书从阅读推广用户的满意度出发,以服务质量管理为研究对象,论证了用户阅读满意度的影响因素,以及各影响因素与阅读满意度之间的关联规律及影响程度。在此基础上,提出了阅读推广服务质量管理策略,构建了基于用户满意度的阅读推广质量管理模型,并对提出的策略开展了实证检验。

本书可作为阅读推广研究者的参考书,对从事阅读推广的管理层和实践者也有一定的现实指导作用和参考价值。

图书在版编目(CIP)数据

阅读推广服务质量管理研究 / 张泸月著. —北京:科学出版社,2023.6
ISBN 978-7-03-070753-6

Ⅰ.①阅… Ⅱ.①张… Ⅲ.①图书馆–读书活动–研究 Ⅳ.①G252.17

中国版本图书馆 CIP 数据核字 (2021) 第 246467 号

责任编辑:刘莉莉 / 责任校对:彭 映
责任印制:罗 科 / 封面设计:义和文创

科学出版社出版
北京东黄城根北街16号
邮政编码:100717
http://www.sciencep.com

四川煤田地质制图印务有限责任公司印刷
科学出版社发行 各地新华书店经销
*
2023 年 6 月第 一 版 开本:787×1092 1/16
2023 年 6 月第一次印刷 印张:10 1/2
字数:240 000
定价:119.00 元
(如有印装质量问题,我社负责调换)

前　　言

伴随着"全民阅读"思想理念深入人心，阅读推广服务在全社会的共同努力下，得到了飞速、迅猛的发展。阅读推广服务的形式与种类越来越丰富，参与活动的用户越来越广泛，为提升公民素养、构建全民阅读风尚做出了重要贡献。

在推广服务不断升级发展的过程中，阅读用户越来越重视参与阅读活动的体验与服务质量。如何在满足用户多元化阅读需求的基础上，转变服务理念、优化服务资源、规范服务环节，提升推广服务质量与用户阅读满意度，使用户认同推广服务，在持续的阅读参与中，激发自主阅读动机，培养良好阅读习惯，树立终身阅读信念，成为阅读推广服务关注的热点问题。本书以阅读推广服务过程中服务质量与用户满意度为导向，采用实证研究方法，对推广服务过程中服务质量与用户满意度的理论与实践进行了深入透彻的研究，从系统理论到模型方法，详细探讨了在用户阅读满意度的视角下，积极提升阅读推广服务质量的整体策略与途径。

本书内容共分五大部分，分别为绪论、理论基础与文献综述、阅读推广过程中用户阅读满意度的外在(内在)影响因素研究、基于用户满意度的服务质量管理及其实证研究、研究总结。绪论部分主要阐明本书内容的研究背景和研究意义，明确研究的方法与研究框架。理论基础与文献综述部分包括研究所涉及的相关理论基础及阅读推广服务过程中相关质量与满意度的研究现状与文献述评。用户阅读满意度的影响因素研究包括第 3 章、第 4 章，该部分着重讨论影响用户满意度的相关因素，包括服务提供过程中影响满意度的推广因素(外在因素)及用户个体需求、行为(内在因素)对满意度的影响。基于用户满意度的服务质量管理及其实证研究部分，在前期研究分析的基础上，提出阅读推广服务质量管理需要注重两个部分的内容：对推广所涉及的全部人员的管理及对推广规范化流程的管理，并将提出的策略在具体的阅读推广服务中开展对比研究，论证了策略的有效性。总结部分提出研究的结论、局限及对未来研究的展望。各章节的具体安排如下。

第 1 章，分析了新形势下阅读推广实践中存在的问题，提出了基于用户满意度开展阅读推广服务质量管理的必要性，指出了开展此项研究对阅读推广理论及阅读推广实践的重要意义。同时，介绍了研究的方法及研究思路。

第 2 章，提出质量管理与用户满意度的相关理论均来源于管理学科领域，分析梳理它们在原有学科领域中的内涵，有利于在研究中更好地理解其概念，在阅读推广服务质量管理方面有的放矢地开展借鉴与参考，搭建起本研究的理论框架，为提出相应的阅读推广质量管理策略与模型提供充分的解释力。

第 3 章，重点关注在阅读推广服务的过程中，影响用户阅读满意度的服务因素(外在因素)。"推广设计""推广人员态度与技能""阅读反馈"是影响用户满意度的三个关键推广因素，因此，提升阅读推广服务质量必须对此三个因素开展重点管理。

第 4 章，着重分析用户个人需求、行为(内在因素)与用户满意度的关联关系。在 4.1 节中，研究从用户与推广人员的视角出发，定量评估了双方对阅读需求重要性的认知，并分析了认知存在的"理解缺口"。在 4.2 节中研究提出阅读交互行为由分享、讨论、合作、评价四个维度构成，并以参与度、信任关系为中介变量，通过开展问卷调查与建立结构方程模型的方法验证交互行为对阅读满意度的影响。在 4.3 节中，对用户参与行为及其满意度的内在关联机制开展研究，为科学化开展用户参与阅读推广实践提供依据。研究设定用户参与与满意度的关联模型与研究假设，以参与阅读推广活动的大学生志愿者为研究对象，通过实证调查，验证模型与假设的合理性。

第 5 章，首先提出了基于用户满意度开展阅读推广质量管理的内涵界定。其后，论述了质量管理的四大原则与关键特征。接着，借鉴差距模型理论，详细阐述了阅读推广服务的差距及质量管理的目标。最后指出质量管理系统的构成要素主要分为对人的管理及对服务流程的管理两个重要方面，为第 6 章、第 7 章论述的内容做出了总体的概括。

第 6 章，研究提出：开展阅读推广质量管理，需要深入研究服务管理规律，创新思路，努力做好对阅读用户、推广人员及服务志愿者的管理，调动阅读服务中的一切人力资源，提升其参与的价值。

第 7 章，对阅读推广服务的规范化流程开展详细论述。研究将先进的信息技术与"以人为本"的理念充分融合，真正构建起智慧型推广的模式，引领全面升级的阅读服务。基于用户满意度的阅读推广质量管理模型是一个闭合、循环的整体流程，共分为四个阶段、十二个环节，各环节环环相扣，缺一不可。服务的前期管理阶段强调准确地理解用户需求，制订科学合理的推广目标；服务的设计管理阶段强调根据不同用户的阅读特征，通过对阅读情境、活动、内容的最优化选择，找出最优化的达成路径，形成推广服务的路径方案。服务的实施管理阶段关注阅读文化建设及阅读过程检查、控制与调节，确保用户参与阅读的效果与质量。服务的改进管理阶段，利用评估对推广的实际效果得出较为客观、科学的判断，为推广服务的优化改善提供尽可能多的实用信息，使推广服务工作步骤更加系统化、规范化和条理化。

第 8 章，验证前期阅读推广服务质量管理策略是否有效、可行。研究将提出的质量管理策略引入真实的推广服务实践中。通过开展双组对照实验研究，验证所提出的策略具有有效性及可行性，能切实有效地优化推广服务流程，提升阅读服务质量。

第 9 章，凝练本书研究结论，指出本书研究的管理启示，并对此次研究的局限性与存在的问题进行讨论，最后提出后续研究方向与思路。

目　　录

第1章 绪 论

1.1 研 究 背 景

1.1.1 现实背景

书籍是人类进步的阶梯,阅读则是了解人生和获取知识的重要手段和途径。从古代"读万卷书,行万里路"的阅读信念,到近代"走向阅读社会"的口号,无不在强调阅读在帮助人们获取知识、拓宽视野、陶冶情操、提升涵养方面的重要作用。随着人类社会迈入知识爆炸时代,知识的更新频率快,要求人们必须通过终身性的学习,持续地更新知识结构,以适应社会的发展。因此,如何通过阅读让知识服务于人类,帮助人们建立结构化的知识体系,启发思维层次、培养正确的情感态度和价值观,解决快速发展变革时期人们遇到的诸多新问题,为人们提供生存的法则与智慧,使人们乐享高品质生活已引起了全世界的高度重视。

为提高公众对阅读的兴趣,联合国教科文组织于 2001 年在"世界读书日"的框架下发起了"世界图书首都计划",现已有多个城市获得"世界图书首都"的称号。世界上超过一百个国家与地区也纷纷开展阅读推广活动,精心营造阅读氛围,鼓励大众参与阅读。欧盟开展的"终生用户"项目,旨在为欧盟 27 个成员国的小学生提供"阅读水平、阅读行为、阅读态度"的提升服务。美国国会图书馆图书中心开展的"全国用户年""一城一书""国家图书节"等阅读推广活动,成了影响深远的阅读品牌。俄罗斯发起的系列马拉松朗诵活动,帮助民众回归经典阅读,重拾文学兴趣。日本政府举办的"国民读书年学术研讨会""国民读书年纪念祭典"等活动再次掀起国民读书高潮。

在我国,自 2006 年,在中宣部、中央文明办等 11 个部门的共同倡导下,"全民阅读"活动在全国各地蓬勃发展。全国各地组织了不同规模、不同层次、不同类别的读书节、读书月、读书周、读书日等全民阅读推广活动。据统计,目前全国所有省、自治区、直辖市都已开展全民阅读活动,有 400 多个城市常设读书节、读书月等。很多省(区、市)都高度重视相关阅读活动,政府组织组建读书活动组委会和读书节办公室,全面统筹规划,精心安排部署相关阅读活动。图书馆成为阅读推广的主体力量,出版社、书店、媒体、学校及一些民间团体也纷纷开展推广活动,极大促进了社会良好阅读氛围的建立,产生了广泛而深刻的社会影响。

在全民阅读引发阅读热潮,成为社会风尚的同时,阅读推广服务却面临着如下的现状。一方面,阅读推广活动作为一个具体、复杂的服务过程,需要投入大量的人力、物力与财力,但现实中阅读推广活动却多存在经费不足、推广人员队伍建设滞后、推广设备陈旧、推广场地紧张等客观问题。另一方面,如火如荼开展起来的各类推广活动服务质量参差不齐,水平差异很大。部分推广活动在不同程度上存在着服务观念陈旧、推广内容单一、服务形式套路化、传播媒介落后、阅读服务供给与用户的文化需求不匹配、用户阅读缺乏系统性与纵深性、阅读价值不高、服务效率低下等诸多问题。这种质量问题在一定意义上决定着是否能吸引用户参与,是决定推广活动能否持续、深入发展的关键所在。如何将有限的阅读推广资源进行科学合理的布局,完善推广活动外部和内部质量保障体系,提升推广服务成效,增强用户满意度,形成较好的社会效益,实现推广资源价值最大化成了亟待解决的重要问题。

针对以上的问题,从国家宏观政策上看,2016 年 12 月国家制定发布了首个国家级"全民阅读"规划——《全民阅读"十三五"时期发展规划》。该规划在指导思想中明确提出:全民阅读应将服务与管理相结合,全面提升全民阅读质量和水平,推动国民素质和社会文明程度显著提高,为实现"两个一百年"奋斗目标和中华民族伟大复兴中国梦提供强大的精神动力和文化支撑。其具体表现在:应加强对精品力作的宣传推广,拓宽传播渠道,为全民阅读提供更多优质阅读内容,充分发挥引领示范作用,不断提升全民阅读的质量和水平。应提高数字化阅读的质量和水平,加强数字出版内容投送平台建设和管理,改善数字出版内容消费服务方式,提升公众数字阅读消费满意度。由此可见,对阅读推广服务开展质量管理,已成为阅读推广活动的现实要求与行动指南。

从具体实践层面看,阅读推广作为公益化服务,其活动效果取决于在利用有限推广资源的基础上,满足人们日益增长的阅读文化需求的贡献程度,用户感知的满意度成为推广成效的最重要决定因素。因此,开展阅读推广服务质量管理还必须以用户满意度为基础,将用户满意度作为阅读推广质量管理的核心与关键,在努力提升用户满意度的同时,推动我国阅读推广服务走上更高质量、更高效率、更可持续的发展道路。

1.1.2 理论背景

阅读推广已逐步成为社会的一种常态化服务形式,许多学者围绕着阅读推广的理论开展研究。国外对阅读推广的理论性研究主要集中于阅读喜好、行为模式、评估等方面;而国内方面,则从理论构建、方法探讨、宏观战略、案例研究、评估评价等开展研究(谢蓉等,2015)。从研究的范畴看,阅读推广服务质量尚未能成为阅读推广领域的研究重点,更缺乏真正有效的质量管理研究。

当前,对于阅读推广服务,部分推广人员习惯于沿袭已有的经验,缺乏对自身实际情况的客观分析,更谈不上对管理学、心理学、教育学、社会学相关理论原理的学习和借鉴,虽然有时取得了暂时的效果,但由于缺乏科学性,其用户参与的持久性就无法得以保障。其次,部分推广人员无法根据当前社会、环境、对象等客观条件的变化,高屋建瓴、精益求精地进行阅读推广的总体设计。其主要表现在对用户的差异性关注不够,各种方法、途径之间缺乏整体设计和规划,不能将推广行为规范系统化。阅读推广作为一种服务性的活动，必须遵循服务活动内在的客观规律，采用科学的方法实施管理，仅仅停留在对推广服务质量概念、内涵、本质、价值等层面的探讨或总结是远远不够的。因此，当前阅读推广服务迫切需要吸收其他学科的先进科学知识与管理方法，并不断与自身的服务活动相整合，探索如何建设高效的推广服务策略，使之构成一个完整的推广质量科学体系，并通过具体的制度设计将服务质量理念落实到推广实践中，指导阅读推广的服务工作。

在企业服务领域，服务质量管理的研究渐成趋势。其主要包括两大类型的研究：服务质量管理要素与服务质量系统改进。在服务质量管理要素中，围绕着组织文化、员工行为、顾客心理、服务设施及技术几大要素，对服务质量管理进行深入的分析。在服务质量系统改进方法的相关研究中，国内外学者则充分探讨全面质量管理体系、仿真分析以及质量功能展开（quality function deployment，QFD）等多种改进方法在服务质量管理中的运用（洪志生等，2012）。大量较为成熟的企业服务管理研究成果为阅读推广服务质量研究提供了借鉴的可能。

从动机理论讲，动机是激发和维持有机体的行动，并使行动导向某一目标的心理倾向或内部驱力（林崇德，2003）。高质量的阅读推广服务必须激发和培养用户阅读动机，使用户从被动走向主动，认同、支持和参与阅读推广活动，从而引领用户形成终身受益的阅读态度。在阅读推广服务情境中，用户的真实心理需求对其阅读情感、阅读行为所产生的正负面影响，外界诱因对其自主性与积极性的影响均有待深入的扩展与完善。

从满意理论讲，阅读推广不同于企业服务，用户参与阅读推广活动，在满足阅读需求的基础上，还需实现自我价值的提升。因此，考虑阅读推广的质量必须关注用户的主观满意程度及推广过程中影响满意程度的因素。相较于针对阅读推广服务的概念、特征、类型、方法、评估等研究，对推广服务的研究还应包括阅读用户对推广服务的期望，期望的重要属性，其满意度形成的机理、评价标准、测量方法，推广服务过程中满意度的影响因素等研究。

从管理理论讲，服务强调科学性、针对性、有效性。因此，阅读推广服务必须体现出合理的流程建设，即要求对推广服务的定位准确、理解科学，并对实施过程与评估过程进行规划和设计，保证推广服务的常态化、系统化，避免随意、零散，以提高服务质量，使阅读推广与质量管理真正实现有机整合。对阅读服务开展质量管理，首先必须对推广服务过程中的各要素，即用户特征与心理、推广服务设施、服务环境、服务内容与资源开展深入研究，使推广根据不同年龄特征的用户的特点，制订差异化的目标，推广内容之间体现层次和递进，从而引领用户的阅读素养和能力持续提升。其次，管理策略的运用需要持续探索，在推广过程中对推广人员的行为、推广的方法途径之间的关联协同等均需要开展实践论证。最后，推广服务的质量改进是实现阅读推广质量提升的主要影响因素，所以对质量管理的研究还包括对全面质量管理体系、质量功能展开等改进方法的适合性研究。

此外，如今，信息技术成为现代服务的重要工具，信息化的推广环境更是对阅读推广提出了新的挑战。新媒体环境下，用户对网络化的推广内容与虚拟化的推广形式的认同程度，以及服务质量实时动态监测机制、用户情感关系的有效管理等也需要获得更多的研究关注。

理论是行动的先导，阅读推广的理论基础研究还需在上述方面进一步扩展与完善，为科学合理的推广服务提供指导。

1.2　研　究　意　义

1.2.1　理论意义

（1）有利于清晰阅读推广服务中，用户需求与用户满意度、用户满意度与用户参与行为、服务质量与用户满意度等相关变量之间的关系，为提升阅读推广服务质量提供新的途径与思路。

对用户而言，阅读推广活动服务质量的优劣具体表现在：提供的阅读服务活动是否能有效满足用户的阅读期望与需求。服务质量直接影响用户满意度，也决定了用户后期参与阅读活动的行为状态。当用户对服务感到满意时，不仅会促进其再次参与阅读活动的欲望，也会促进其将参与的感受通过口碑传播给其他潜在用户，扩大推广服务的知名度，为推广服务的持续发展不断地注入新的活力。当用户对服务感到不满意时，会出现对推广活动抱怨、投诉甚至是退出的现象。

因此，提升推广服务质量，为用户提供优质的阅读体验，增强用户满意度，就必须遵循用户满意度与用户心理、用户行为的因果关系，围绕用户需求和期望，建立起以"用户满意"为目标的新的服务策略，通过良好的组织氛围和管理机制，最大限度地激发用户的阅读参与积极性，提升服务质量与服务价值，从理论研究的角度来讲，这是阅读推广服务重要的研究分支。

（2）明确了阅读推广过程中，服务推广因素对用户满意度的影响规律及影响程度，提出在开展服务质量管理时，应着重对影响因素进行科学设计，这是对现有阅读管理体系的扩展与完善。

随着阅读推广实践探索的拓展，其理论研究也在逐步深化。研究分析了阅读推广过程中影响用户满意度的推广服务因素，明确推广内容、推广环境、推广方式、推广人员的服务能力与态度均是影响满意度的因素，提出在开展服务质量管理时，以上因素均是需要重点关注的维度，对标准、规范阅读推广服务流程起到了控制与改进的作用。

（3）分析了用户阅读需求、用户行为等各因素与用户阅读满意度之间的路径关系，在明确多个变量之间因果关系的基础上，搭建了关系模型，为提升用户满意度提供具体、可行的方法，对阅读推广理论是一种继承和丰富。

以用户参与推广服务的需求、行为方式等因素为自变量，以用户阅读满意度为因变量，分别构建结构方程模型。利用定量研究方式，对其关系路径进行实证分析与检验。在明确了模型中结构与路径的基础上，准确阐述了其内在的复杂关系与因果规律，为深入理解用户满意度，以及在阅读推广过程中针对性地开展质量管理提供了理论依据。

（4）提出了基于用户满意度的阅读推广服务质量管理的系统方法与策略，建立了一个全面通用的质量管理体系。

目前，在阅读推广理论研究中，质量管理大多仅停留在概括性、分散的评估指标中，尚未形成系统、完整的管理方法与模型。研究指出阅读推广质量管理应关注对人的管理及推广流程的管理。针对人的管理，研究提出了具体的方法；针对流程的管理，提出了质量管理模型。这样使质量管理与阅读服务有机结合起来，拓宽了阅读推广理论的研究视野，是对阅读推广相关理论的有益充实与完善，为后续的分析研究提供了理论框架。

1.2.2 实践意义

(1) 就社会而言，有利于有限的公共资源得到高效、合理应用。

当前，部分阅读推广活动过程中存在不计成本、不求效益的现象，只关心活动的开展，不关注活动的质量评估与优化，导致部分活动无从了解其实施的价值，甚至有些活动很少有用户愿意参与，从而造成社会资源的巨大损失与浪费。从用户满意度视角对阅读推广进行质量管理，建立规范管理模型，完善推广活动外部和内部质量保障体系，指导阅读推广活动的实施，可以防止低效与无效的推广活动，真正实现使有限的阅读推广资源得到科学合理的规划与布局，促进阅读推广服务实现效益最大化，有助于推广活动的健康有序发展。

(2) 就用户而言，对阅读推广进行质量管理，能真正满足用户阅读需求。

基于用户满意度对阅读推广开展质量管理研究，有利于分析预测出用户隐含的、潜在的、变化的阅读需求，从而有的放矢地设计与实施推广活动，并在推广过程中，跟踪、记录、评估用户的阅读满意程度，了解用户本身期望的阅读目标与现实推广达成的效果之间的差距，通过探讨差距产生的因素，不断改进质量，使阅读推广服务减少甚至消除推广过程中的不良环节与因素，真正满足用户的阅读需求，最终改善用户的阅读质量，提高国民的整体阅读质量水平。

(3) 就推广组织而言，有利于团队人员专业素质的有效提升。

阅读推广过程中，基于用户满意度开展质量管理，必须要求推广人员具备"以用户为中心""开展关系管理"的相关服务理念；具备用户分析、推广内容分析、推广环境构建、推广质量评估、推广质量改进等综合服务能力；具备立足于推广实践本位，反思推广过程，创新推广方法的服务意识。因此，基于用户满意度开展阅读推广质量管理，能帮助推广人员提升服务素质与能力，激发积极性与创造性，从而实现个人在阅读推广领域专业化的发展。

(4) 研究论证的过程具有科学性、规范性，论证结果具有建设性，能对阅读推广活动项目的组织实施起到参考与借鉴的作用。

本书采用定量与定性的方法论证影响满意度的因素，并根据此构建的质量管理框架与模式不仅汇集了多位专家的经验与智慧，更是通过了实证检验，因此，研究结果具有理性、严谨、客观的特征，能对广大阅读推广人员在开展阅读推广实践中提高服务质量起到示范与参考作用，对全国阅读推广活动的高效服务产生积极影响。

1.3　研究方法与思路

1.3.1　研究方法

（1）文献研究法。文献研究法主要指搜集、鉴别、整理、归纳文献，并通过对文献的研究形成对事实的科学认识的方法。本研究的最初阶段，利用文献研究法，通过查阅国内外相关期刊论文、学术著作、学位论文、专题报告等文献，概述服务质量管理及用户满意度的研究成果与主要观点，分析我国当前阅读推广活动中质量管理存在的不足，指出具体的研究目标与方向。其后，根据相关的理论与研究成果，搭建基于用户满意度的阅读推广质量管理模型，为阅读推广服务质量保障与改进构建起理论研究框架。

（2）访谈法。在实证研究过程中，为了把握用户在具体的阅读情境中的行为及心理，研究通过质性访谈技术了解用户对阅读推广服务的体验与感受，揭示用户隐藏的阅读活动、情感、动机等。此外，研究还采用专家访谈法，选择业务精通、经验丰富的专家就实证结果开展服务质量管理及改进的措施调查，并基于统计的相关数据与建立的模型，对管理及改进的措施进行描述、分析、对比，从而确立出可行的质量管理及改进措施。

（3）问卷调查法。问卷调查法是运用统一设计的问卷向被选取的调查对象了解情况或征询意见的调查方法。研究在阅读推广服务过程中，通过在现实环境中分发问卷及在网络环境中利用问卷星平台开展在线调查，对不同省（区、市）、不同个体特征的用户就阅读推广满意度、阅读行为、阅读需求等做出调查问卷，为研究提供数据支持。同时，为了更好地了解推广人员的想法，也对部分推广人员开展了调查，调查结果为本研究提供了服务质量改进的现实依据。

（4）数据统计分析法。在问卷数据分析过程中，将使用多种定量分析方法开展分析。研究使用 SPSS 20.0 开展探索性因子分析、相关分析以及信、效度分析等，使用 AMOS 17.0 用于数据结构方程模型建立和验证性因子分析，使用 Ucinet 6.0 开展社会网络分析。通过统计分析法，研究中相关结论的可靠性与有效性得到了充分的检验。

（5）案例研究法。案例研究法指研究者选择一个或几个场景为对象，系统地收集数据和资料，进行深入的研究，用以探讨某一现象在实际生活环境下的状况。在阅读质量管理模型建立以后，将其应用于真实的阅读推广活动中，以"曾国藩"阅读推广活动作为案例，开展服务质量管理研究，将参与活动的用户随机分两组，其中实验组以提出的推广质量管理模式进行推广服务，对照组按原有推广方式进行服务，在实验前后分别就认知、思维、能力开展前后测，实验结束后，对比分析两组间的认知、情感、行为等方面的变化，论证研究所提出的质量管理模式是否可行。

1.3.2　研究思路

以理论为基础，提出问题、分析问题、解决问题。首先在系统研究相关理论与现状的基础上，明确研究的问题；其次，针对提出的主要研究问题，运用相关理论，提出研究假设并开展分析研究；最后，将研究结果与专家实践经验相结合，提出具有可行性、操作性的阅读推广服务质量的管理模型并开展实证研究，验证模型的有效性(图 1-1)。

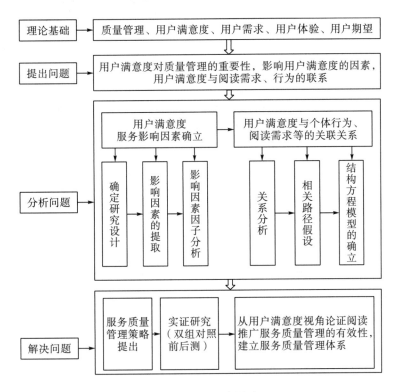

图 1-1 研究思路

1.4 本 章 小 结

本章是本书的绪论部分，主要分析开展用户满意度视角下阅读推广服务质量管理研究的相关研究背景，阐明研究的理论与实践意义，并指出研究方法及研究思路。

第 2 章　理论基础与文献综述

对服务质量、用户满意度等相关理论进行梳理及对阅读推广相关文献开展分析，有利于帮助推广组织深度审视、洞见当前阅读推广质量管理中的关键问题，获得启示，有效指导推广服务的深度运作，实现服务质量的提升。

2.1　服务质量相关理论

阅读推广属于阅读的管理和服务，它是政府、社会团体或个人为促进阅读或改善阅读行为而采取的一种干预阅读的措施(范并思，2016)。虽然阅读推广服务与经济管理领域涉及的服务在服务目标、服务群体、服务内容、服务途径等方面存在差异，但其探讨的服务质量在关键的特征上仍具有较大的共性，这主要表现为：

(1)双方在提供服务时，其质量是否优质，均取决于是否站在顾客(用户)的立场提供了独到的服务。

(2)双方均重视服务提供的过程，重视对服务流程的设计与管理，将过程管理作为质量完善与监督的重点。

(3)双方均关注服务人员与顾客(用户)之间的关系，提倡与顾客(用户)建立积极、友善、紧密的关系。

(4)双方的服务评价质量标准一致，都是度量提供的服务是否有效满足了顾客(用户)的实际需求。

由于阅读推广服务质量与经济管理领域的服务质量在关键特征方面存在共性，且管理领域的服务质量理论自 20 世纪 70 年代左右在西方国家逐步发展起来，现已发展相对成熟，因此，对经济管理领域的服务质量进行梳理，能为研究阅读推广服务质量提供良好的理论支撑。研究论述了经济管理领域相关服务质量的理论研究基础，主要包括顾客需求与期望、服务体验与满意度、质量管理等三个方面核心内容，这既有利于厘清各个核心内容之间的关系，奠定相关的理论基础，又对架构阅读推广研究的整体理论框架具有重要的指导作用。

2.1.1　顾客需求与期望

西方经济学理论认为：顾客需求(customer demands)指顾客为维持自身发展购买商品或服务的欲望与能力(格里高利·曼昆，2003)。一方面，顾客需求是指得到商品或服务的目标、需要与愿望，是一种心理学概念。另一方面，顾客需求包括顾客具备获取商品与服务的能力(菲利普·科特勒，2010)。

顾客需求具有以下特征：①需求的多样性。根据行为心理学家马斯洛的需求层次理论，人类的需求层次从低到高依次可分为生理、安全、社交、自尊、自我实现等五个层次(Maslow，1943)。这决定了需求呈现出五彩缤纷的态势。如何满足顾客物质需求(如生理、交通、住宿等需求)及心理需求(如求知、爱与被爱、尊重等需求)是企业或组织发展的核心。②需求的动态变化性。顾客的需求总是随着外界环境的刺激或内在动机转变而发生不断的变化。微弱的希望演变为强烈的需求，潜在的心愿转变为现实的需求，旧的标准更改为新的需要，这就要求提供的商品与服务能满足顾客需求变化的趋势。③需求的差异性。顾客所处环境的生产力水平、科技水平的不同及顾客自身经济能力、文化教育程度、宗教信仰等方面的不同，决定了顾客对同一产品或服务有着需求差异性。同一商品与服务能否提供层次性的功能来满足顾客的不同层次的差异需求，成为检验企业或组织可持续化发展的标准。④需求的非对称性。顾客需求的非对称性是指商品与服务某种属性达到顾客期望所带来的满意程度可能与该属性没有达到顾客期望所带来的不满意程度是不对等的(刘建森，2006)。因此，提供的商品或服务必须在保障顾客的必备需求基础上，再提供其他吸引性需求。

在开展产品生产与服务的过程中，只有用心收集顾客需求，通过需求挖掘，明确顾客真实的需求，并适当开展需求的激发，才能真正满足顾客的需求，体现优质高效的服务质量与服务水平，如图 2-1 所示。

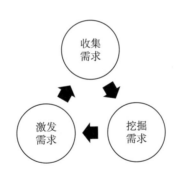

图 2-1　顾客需求确认

顾客需求的来源通常有两种，一种来自用户本身对需求的描述，但由于用户对需求的表达常常存在反复性、隐藏性、不稳定性等问题，因此，收集到的需求具有零乱而模糊的特征。另一种需求来源于服务专家的评定，但由于服务专家多从服务提供角度出发，因此，通过专家评定收集到的需求具有片面性、不确定性。

为了精确、清晰、全面地提取用户需求信息，需要对需求进行挖掘、提炼、分析与综合，从而确保用户的所有需求都能被理解与展现，并且排除由于用户的片面性和短期行为所导致的不合理需求，使用户需求逐步精准化。需求挖掘可以通过以下三个方面来实现。

(1)纵向挖掘顾客需求。有效建立客户间的关系有助于正确理解顾客需求(Bhatti，2017)。利用"顾客关系管理"，能找到接触用户的最佳途径，通过与顾客建立长效的、积极的关系，不断地与顾客进行沟通与联系，调查顾客习惯、兴趣、爱好等个性化的问题，跟踪顾客使用产品与服务后的反馈与投诉，根据顾客的反馈信息，不断进行需求的完善，确定顾客需求，优化产品与服务，从而高效满足顾客的需求。

（2）横向挖掘顾客需求。竞品分析是横向挖掘顾客需求的有效方法，通过对同类产品与服务开展调研，确定产品与服务的优缺点，开展对比，分析自身产品与服务的不足之处，从而开展优化与改进。

（3）顾客参与行为也能促进顾客需求的挖掘与正确识别。顾客参与是在产品生产与服务的过程中，顾客分享信息，给出建议。对于企业来说，在顾客参与的过程中，可以充分了解顾客，挖掘需求（Bolton and Saxena-Iyer，2009）。另一方面，顾客参与能加大双方对产品或服务信息传递的深度、强度和宽度（Fang，2008），以利于更好地对产品与服务进行有效设计（Mustak et al.，2013）。

除了满足顾客需求，高质量的服务还包括激发顾客需求。企业应根据顾客不同感性需求或理性需求，采取不同积极的方法激发顾客的需求，针对顾客对某一产品或服务的心理感觉与意向等感性需求，可以利用从众心理、宣传引导、服务态度感召、对比心理、环境刺激等多种方法营造良好的氛围刺激顾客需求；针对顾客的理性需求，则可以向他们阐述产品或服务对他们自身需求的意义，积极提供产品或服务的使用体验，在体验中激发出他们的需求共鸣，潜移默化地激发出顾客现实、强烈的内在需求。

在确定了顾客的需求后，需要对顾客需求进行评审，确定产品或服务必须满足的需求。东京理工大学教授狩野纪昭建立了 KANO 模型。模型以分析顾客需求对顾客满意度的影响为基础，对顾客需求进行分类并优先排序，体现出产品或服务性能与顾客满意度的关系。模型定义了三个层次的顾客需求：基本型需求、期望型需求及兴奋型需求（Kano et al.，1984）。基本型需求为必须具备的需求，顾客即使不说，企业也应该做到。期望型需求是顾客的意愿型需求，这类需求得到满足将会大大提升顾客满意度。而兴奋型需求是超出顾客预期的，顾客不清楚有这方面的需求，但这类需求一旦满足，顾客满意度会急速上升。因此，在现实的流程中，企业应首先竭尽可能地满足顾客的基本型需求，避免顾客因最基本需求达不到满足而产生不满情绪及不良行为。其次，企业应尽力去满足顾客的期望型需求和兴奋型需求，使顾客获得更大的满意，使企业的服务或产品优于竞争对手，为企业建立忠实顾客群。

为了使产品或服务将顾客需求有效联系起来，1966 年日本质量专家水野滋与赤尾洋二提出质量功能展开（quality function deployment，QFD），亦称质量屋，是一种顾客驱动的产品设计方法。赤尾洋二认为通过质量屋的多重矩阵，能将顾客需求展开到产品的设计与生产过程中去，通过质量展开、技术展开、成本展开和可靠性展开使产品满足顾客需求（Akao，1990）。在质量屋的设计方法中，计算顾客需求重要度是质量功能展开的第一步，也是最关键的一步，决定产品或服务的整个设计和评价过程（耿立沙，2016）。利用层次分析法、联合分析法、德尔菲法、群组 AHP 法等定量方法计算顾客需求重要度，从而通过设计要求、零件展开、工艺计划和生产计划四个阶段，将顾客需求逐步转化为设计与生产过程中的具体要求（Sullivan，1986）。

顾客期望（customer expectation）是顾客对产品或服务的个体认知。Oliver 和 Burke（1999）认为顾客期望是顾客在计划购买某件物品前，个人内心对企业提供的产品或服务能为自身解决问题的预期。Woodruff 等（1993）认为顾客通过过去的经验、他人推荐、口碑沟通、其他同类生产商的服务水平等因素进行综合考虑，最终形成个人的服务期待与想象。

Zeithaml 等（1993）将顾客对产品或服务的期望由高到低分为理想服务、容忍服务和合理服务 3 类，其中，理想服务的期望水平最高，合理服务的期望水平较低，而容忍服务的期望水平介于二者之间，如图 2-2 所示。

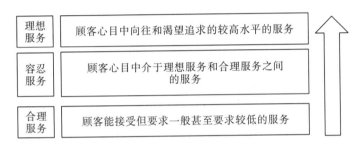

图 2-2   服务的期望水平

理想服务（desired service），也可称为"欲求服务"，是指顾客心目中向往和渴望追求的较高水平的服务，是顾客认为"可能是"与"应该是"的结合物。它往往是超出顾客追求范围的服务，在服务过程中能使顾客感受到"惊喜"。

合理服务（adequate service），是指顾客能接受，但要求一般甚至要求较低的服务。合理的服务可被认为是期望的最低要求，不过还能勉强容忍和接受。

容忍服务（tolerant service），是指顾客心目中介于理想的服务与合理的服务之间的服务，这是使人放心且不必去挑剔的服务。

影响顾客期望的因素有顾客个人因素、服务环境因素、其他因素。

（1）顾客个人因素。

● 顾客个人因素包括顾客对产品或服务的个体需求。可以分为主要需求与次要需求，主要需求是重要的，而次要需求相对不重要。

● 顾客对产品或服务的已有体验。当顾客曾经对产品或服务有了亲身体验后，则对产品或服务有了充分的了解，这可以形成对该产品或服务较为稳定的期望。

● 顾客参与的程度。在服务过程中，顾客参与的程度越高，则对提供商的服务意义及服务过程中有关的知识了解越深入，对服务的期望就越高。

（2）服务环境因素。

● 服务过程中的设备、设施等有形因素。在选择产品和接受服务过程中，顾客会首先根据有形因素形成对提供商的期望。

● 服务过程中，提供商提供的产品或服务承诺。提供商通过媒体、售后等宣传沟通方式向顾客提出承诺，将直接影响顾客心中目前的服务期望形成。

●产品与服务口碑。顾客在体验过产品或服务之后，可能会向潜在的顾客进行口碑宣传，从而使潜在顾客形成对企业服务的期望。口碑好的宣传，则容易在潜在顾客中形成较高的期望。

(3)其他因素。

●顾客挑选的自由度。当市场中提供类似服务的机构增加，顾客挑选服务的选择越多，自由程度越高，他们对提供商的服务期望则越高。相反，选择越少，自由程度越低，期望越低。

●如果在服务过程中，提供商遇到不可控因素而影响产品或服务质量，那么顾客有可能降低自身期望。

顾客期望在产品或服务中起着举足轻重的作用，它作为后期产品或服务的评估标准，是产品或服务质量评估的决定性因素，因此，应在了解顾客期望的基础上，开展有效的期望管理。了解顾客期望可以通过服务前期开展问卷调研、访谈等方法收集，了解顾客的实际期望，也可以通过服务后期对顾客满意度、再次参与度、顾客流失等反馈调研进行收集。

在了解到顾客期望的基础上，对顾客期望进行管理需要首先分析顾客的期望哪些属于合理期望，哪些属于不合理期望。对待合理期望，应在顾客反馈的信息基础上迅速改善产品与服务，致力于提供符合顾客需求的产品与服务，尽可能在服务中满足顾客期望，使顾客满意。具备强烈的顾客意识，以提供顾客满意的产品与服务为使命，深入研究顾客期望，抓住期望变化的趋势，分析、挖掘、预测顾客的潜在期望，使顾客在未有更高层次、更具体的期望之前，提供超出合理期望预期的产品与服务，让顾客产生惊喜感，从而维系与增强顾客之间关系。对待不合理期望，提供商则需要与顾客开展有效的沟通，告诉顾客其期望中哪些是可以实现的，哪些不可以实现，告知不能实现的原因，并最终与顾客达成协议，形成可以解决问题的合理途径。

梳理顾客需求与期望，有利于帮助阅读推广组织正确理解用户阅读需求与期望对质量管理的重要性，从而在准确掌握用户需求与期望的基础上，积极探索满足用户需求与期望的有效方法，有效避免服务与用户需求及期望不匹配的不良状况。

2.1.2　顾客体验与满意度

Pine 与 Gilmore（1999）在 1999 年提出"体验经济"（the experience economy）概念。继农业经济、工业经济、服务经济后，全球经济形态逐步转向以顾客为中心的体验经济发展形态。体验经济强调顾客参与及亲身体验，提倡服务过程中所提供的体验能赋予人们愉悦的、深刻的、积极的理性及感性价值。

体验，也叫体会，是人们通过自己的感觉器官对人或物或事情进行了解及感受。营销领域对顾客体验有着较深的研究，多数研究认为顾客体验是顾客使用商品或服务的过程中建立起的心理感受，具有主观性特征。Holbrook 与 Hirschman（1982）提出用户体验包括用户的幻想、情感与乐趣。Dehyun（1999）认为体验是顾客针对产品或服务感知的刺激而作出的反应。Minge 与 Thüring（2018）认为顾客体验是用户对于不同的产品或服务质量的感知，是用户在使用产品之前、期间和之后产生的情绪改变。另有研究认为顾客体验具有环境依赖性。ISO 9241-210 提出顾客体验是人对产品或服务的印象和回应，并使用更多的术语详细阐述了影响用户体验的可能因素。

从以上顾客体验的定义可知，顾客、产品或服务、组织及交互背景是影响顾客体验的主要要素(Law et al., 2009)。组织旨在为用户提供有价值的产品或服务，而顾客则在寻找有价值的产品或服务并使用；产品或服务侧重于如何给予顾客更好的体验；交互背景则是组织与顾客的中间桥梁，对这两个要素都有着影响。对用户体验的组成要素，有以下几个有代表性的理论。

情景体验理论。Kotler(1973)认为人们在制订购买决策时，不仅仅是对所提供的产品或服务作出反应，购买产品或消费服务的场所氛围，在其决策中比产品或服务本身更具影响力。情景体验理论认为顾客的体验包括来自真实服务环境中的体验与虚拟环境中的体验。在真实的环境中，服务人员可以根据与顾客的有效互动，掌握顾客的反馈，从而改进和完善顾客体验。真实情景能从直观上发现问题、改进问题，但存在花费时间与资源的问题。虚拟情景模拟是上述问题的解决方案。虚拟情景是指组织通过信息技术手段，让顾客根据自身的需求，快速体验服务内容的方法，使顾客的体验更加丰富，从而掌握顾客的心态，使产品或服务能以更恰当的方式呈现给顾客。

顾客参与理论。顾客参与指顾客将自己的知识、技能投入到产品或服务生产或设计过程中，成为产品与服务的提供者、质量控制者、共同设计者、共同营销者(Gouthier and Schmid, 2003)。顾客参与产品与服务的制作与设计能使顾客更具有主动性和话语权(武文珍和陈启杰，2017)，使他们对产品有更高的情感。活动能使顾客获取更深层、更持久、更有意义的愉悦体验(Nambisan and Watt, 2011)，有助于改善顾客对产品与企业的态度，提升对企业的认同感，改善顾客与企业之间的关系(赵建彬等，2015)。

最优体验理论。最优体验是指人们体验到的一种特别的、超乎寻常的心理状态。企业最核心的竞争力，在于通过对顾客的洞察、理解，为顾客提供最优体验的能力。因此，企业提供的产品或服务必须使顾客具有最愉悦、最沉浸、最强烈的感受。

顾客体验是对产品或服务可用性的阐述，如图 2-3 所示。顾客体验测试与评价则是将产品或服务的可用性与预期进行比较，并对其做出评价，是产品与服务设计的一个重要环节。产品与服务是否可用，需要解决其中的哪些问题，如何进行改进是顾客体验测量与评估需要聚焦的地方。顾客评价可以分为形成性评价(formative evaluation)及总结性评价(summative evaluation)。形成性评价针对产品生产或服务过程中的非完结性评价，旨在获取过程中顾客的连续反馈，为调整产品设计或改进服务方法提供参考。总结性评价则旨在产品生产或服务结束后，对顾客的使用状态进行评判，通过顾客反馈，进一步了解顾客需求，为后期改进产品或服务提供支持。顾客体验评价包括产品或服务的有效性、效率和顾客使用满意度等多个维度。

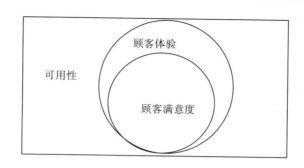

图 2-3　顾客体验与可用性区别图

　　虽然顾客体验具有主观性，且具有不确定的因素，个体间的差异也决定了每个顾客的真实体验是无法通过其他途径来完全模拟或再现的，但是对于一个界定明确的顾客群体来讲，其体验的共性能够通过良好的设计了解到(Tullis and Albert，2016)。实际操作中，通过利用自我报告式的量表，如使用 Likert 量表(Likert scale)或语义差异量表(semantic differential scale)，通过问卷调查的方式，将顾客如何认为、如何感知、如何描述等主观感受测量出来，满意度是最常见的自我报告式的度量之一。由于这些主观数据是顾客情感、愉悦的体现，是基于顾客个体的主观判断产生的，因此，数据缺乏客观性。为了有效弥补主观测量方法的缺陷，当前，在测量顾客体验时还可以运用一些新技术获取用户客观数据。如使用言语表情分析，通过分析言语行为与评论获取顾客的正反面反馈；使用眼动跟踪技术(Shi and Pieters，2013)，通过网络摄像头收集眼动数据，利用图像处理，获取瞳孔定位，从而计算顾客的关注点；使用面部表情识别技术(Pantic and Rothkrantz，2004；施徐敢 等，2014)，利用计算机系统进行顾客表情特征提取，进而了解顾客的情绪。

　　产品与服务过程中积极的顾客体验有利于提升顾客满意度及减少顾客流失。因此，体验营销的概念随之产生。Schmitt 与 Martinez(1999)提出顾客是理性和感性的人，他们关心获得愉快的体验。因此营销人员可以为顾客创造五种不同类型的体验形式：感官体验、情感体验、思考体验、行为体验、关联体验。感官体验要求通过营销刺激，创造视觉、听觉、触觉、味觉和嗅觉的五种感官体验，使感官获取冲击。情感体验要求刺激顾客的某种情绪，使顾客通过换位思考，受到感染，实现情感共鸣。思考体验指通过引起顾客好奇，为顾客创造认知、解决问题等体验，创造性地吸引顾客。行为体验提出应通过与顾客之间的相互作用，扩大顾客群，向他们展示可选择的工作、生活经验方式。关联体验包括以上四种体验，是顾客与理想自我、他人或是文化产生关联的体验。在体验营销中应将用户体验与设计思维结合在一起，从顾客角度出发，从整体上思考顾客、顾客所在环境、任务、能力、限制和可用的技术，运用易于理解、易于使用的有效策略，保障顾客得到最佳的体验。伊丽莎白·罗森茨维格(2017)指出根据教育和学习模式领域的相关理论，人都是存在区别的，应用用户画像能更好地理解顾客，从而确定设计的关键因素，结合多个学科，为解决顾客的问题提供创新性的解决策略，并不断地改进，实现良好的用户体验设计。

　　顾客满意度(customer satisfaction)理论起源于 20 世纪 60 年代。Cardozo(1965)提出假设，认为顾客满意可能影响到顾客重复购买、口碑宣传等行为，并通过实验论证了假设。

Tax 和 Brown(1998)对感知服务失败的顾客开展调查研究指出，一些企业对顾客的不满意状态没引起足够重视，从而导致顾客流失。Oliver(1980)从期望与效用的视角出发，提出"顾客满意度"这一概念，认为其是顾客对产品或服务自身的需求与期望被满足的感受。进入 20 世纪 80～90 年代，不同的学者围绕顾客满意度陆续发表了著作，阐述了顾客满意度是一种主观评价方式，是顾客对获取产品或服务前后实际体验的匹配程度及心理回应(Woodruff and Gardial，1996；Oliver and Burke，1999)。

顾客满意度逐步引起了企业界的认同，并成为企业对顾客满意程度的衡量指标。日本爱德华·戴明质量奖(Edward Deming Prize)在全面质量控制的理论中提出：企业只有以较低的价格和较高的质量使顾客满意，才能保持市场份额。爱德华·戴明质量奖及其在创造经济奇迹中发挥的作用推广到美国，美国政府部门认识到了其重要性并于 20 世纪 80 年代中期，建立了"马尔科姆·鲍德里奇全国质量奖"(Malcolm Baldrige National Quality Award)，提出"以顾客为中心"是现代企业营销的核心理念，顾客满意度是质量的推动力，只有让顾客满意，才能增加其竞争力。1992 年欧洲开始颁发的欧洲质量奖(European Quality Award)也强调了顾客满意的重要性，在其评审的要素比重中，顾客满意要素占据了九个要素的最大比例。ISO 9000 质量管理体系中更是强调实现质量目标的第一条是以顾客为中心，通过各种手段去获取和理解顾客的要求，确定顾客要求，通过体系中各个过程的动作满足顾客要求甚至超越顾客要求，从而达到持续的顾客满意状态。进入 21 世纪，顾客满意度的相关理念更是广泛深入旅游、娱乐、银行、教育、企业、公共服务等各行业、领域，成为企业生产与组织服务的核心要求与战略原则，对各行业的科学发展发挥了重要作用。

顾客满意度是主观的价值判断，是心理感知的活动。迄今为止，从心理认知维度对顾客满意度开展测评，进而找寻改进的方法，成为相关研究的热点。开展顾客满意度测评的意义在于：

(1)了解顾客对企业的看法及了解产品与服务是否满足顾客的期望。

(2)明确企业与顾客双方对需求的维度及其优先顺序存在的理解差距，找出双方的"理解缺口"。

(3)识别改进产品或服务的优先选择，明确通过改进策略是获得最大化提升顾客满意度的途径。

(4)设定改进产品或服务的目标并根据顾客满意度监督全过程。

(5)通过顾客满意度测评增强顾客忠诚度，使顾客对产品或服务产生情感投入，并在情感的驱使下持续购买产品或服务，使企业获得高利润，获取效益。

随着满意度理念与研究技术的不断结合，发展出多种满意度测评模型。

四分图模型，也称重要因素推导模型，是一种对顾客期望与顾客满意度的象限分析。它将企业提供的产品与服务用各项指标列出，每个指标均测评顾客对它的期望(重要度)与实际感知程度(满意度)。以顾客感知的满意度为横坐标，以顾客期望为纵坐标，将不同指标按分值归入四个象限，如图 2-4 所示，企业可根据不同指标的位置，分别进行处理。

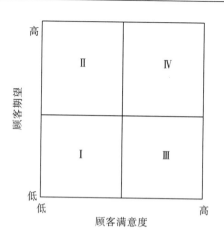

图 2-4　四分图模型

Ⅰ区——机会区(低重要性,低满意度)。当指标分布在Ⅰ区时,代表顾客在购买产品与服务中体验的满足程度不高,同时顾客对此指标的期望值不高,认为该指标重要性不大,因此,该指标不是当前急需解决的问题,没有必要投入大量的精力,可以暂不考虑。

Ⅱ区——修补区(高重要性,低满意度)。当指标分布在Ⅱ区时,代表顾客的期望高,但满意度低,说明此类指标是企业在提供产品或服务时最薄弱的环节,是需要重点改进的关键指标。

Ⅲ区——维持区(低重要性,高满意度)。当指标分布在Ⅲ区时,代表顾客满意度较高,但指标对于顾客来说并不重要,这类指标只需要维持即可。

Ⅳ区——优势区(高重要性,高满意度)。当指标分布在Ⅳ区时,代表重要性与满意度均达到高值,表明该指标是关键性因素,且产品与服务也充分满足顾客,这是产品与服务的优势所在,这些优势需要继续保持。

四分图模型易于设计、调研及统计,便于实际工作中的操作,但这个模型也存在不足。它没有考虑顾客期望对满意度的影响,也没有考虑满意度对顾客后续行为的影响。

KANO 模型是一种研究影响顾客满意度因素的方法,它通过问卷开展需求调查,根据问卷结果对各种需求进行分类,明确产品与服务的定位,以提升顾客满意度,如图 2-5 所示。

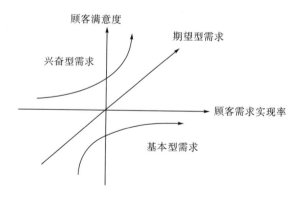

图 2-5　KANO 模型

将顾客满意度作为纵坐标，顾客需求实现率作为横坐标，将企业提供顾客需求与满意程度关联起来。兴奋型需求是指顾客自己也不知道的需求，企业提供此类型的产品与服务能引起顾客的愉悦，从而使顾客对产品或服务感到非常满意，能有效提升顾客再次购买或宣传的行为。期望型需求是指顾客能够较明确提出的需求，若企业提供的产品或服务能满足顾客此类需求，则顾客满意度会显著增加，若不能满足需求，则顾客就不满意。基本型需求是指顾客认为没必要说，但企业必须做到的需求，此类需求不满足时，顾客的不满意情绪会急剧增加，但需求满足时，也不能带来顾客满意度的增加。

根据 KANO 模型，企业应全力以赴地满足顾客的基本型需求；其次，应尽全力去满足顾客的期望型需求；最后，尽可能提供兴奋型需求，使顾客满意，为企业建立最忠实的顾客群体。KANO 模型能够快速帮助企业找到顾客满意的关键因素，但它是一个典型的定性分析模型，不能具体测量顾客满意度。

提高顾客对产品或服务的实际感知评价，会提升顾客满意度（Churchill，1982），而顾客满意度是顾客行为研究的关键变量，会影响顾客购买意愿与行为（Howard and Sheth，1971）。因此，顾客满意度关联着多个指标变量。1988 年，美国密歇根大学商学院质量研究中心的科罗斯·费耐尔（Claes Fornell）将数学运算方法（结构方程）和顾客购买商品或服务的心理感知（满意度）相结合，提出了满意度模型，并运用偏微分最小二次方求解得到顾客满意度指数，这成为世界各国制定国家满意度指数模型的基础（Fornell and Wernerfelt，1988）。其后，多个国家和地区先后建立了全国或地区性的顾客满意度指数模型，用于测量顾客满意程度。美国顾客满意度指数（American customer satisfaction index，ACSI）模型是其中最为经典的模型之一，如图 2-6 所示。

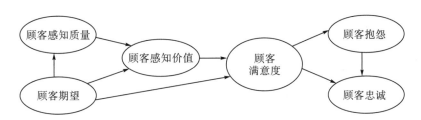

图 2-6　美国顾客满意度指数（ACSI）模型

美国顾客满意度指数（ACSI）模型主要由顾客期望、顾客感知质量、顾客感知价值、顾客满意度、顾客抱怨、顾客忠诚六个变量组成。其中，顾客期望、顾客感知质量、顾客感知价值是模型的自变量，顾客满意度、顾客抱怨、顾客忠诚是模型的因变量。从 ACSI 模型中可以看出：顾客满意是一种心理活动，其满意与否取决于顾客对商品或服务的事前期待与实际体验的相对关系。

顾客满意度指数模型将顾客满意度置于一个相互影响相互关联的因果互动系统中，该模型较好地解释了顾客满意度与顾客期望、顾客感知质量之间的关系，也同时指明了满意度与顾客后期忠诚、抱怨行为的关系。但由于模型中测量变量不涉及具体的绩效指标，因此，若发生顾客满意度不高的状况，企业也无法得知具体在哪个环节出了问题，因此，模型在微观层面缺乏具体的指导作用。

鉴于上述三种常见顾客满意度模型有着各自的优缺点，因此，在实际的生产与服务过程中，企业可根据自身测量顾客满意度的目标不同，选择不同的模型开展满意度测量。

顾客不满意将直接导致顾客行为中出现顺从接受、抱怨、退出等相关行为。顾客抱怨，包括建设性讨论的正面抱怨，即带着为企业及顾客双方寻找解决方案的目的(Rap，1997)；也包括攻击、发泄等负面抱怨，即向企业直接批评或向亲朋好友进行负面宣传(Morrill and Thomas，2010)。顺从接受具体表现为对于不满意并不表达，而是继续购买与接受服务(王丽丽等，2009)，是顾客忠诚的一种体现。退出即为终止或威胁中断关系的一种倾向，是顾客主动或被动地离开。毫无疑问，用户不满意将为企业带来不可估量的负面影响。因此，当顾客满意度测量结束后，发现满意度不佳时，企业应立即对顾客满意度测量报告开展分析，考虑在提供产品或服务的过程中，有哪些因素影响到顾客满意度，这些因素的提供程度与顾客满意程度的缺口大小是多少，这些因素对顾客的重要性排序是怎样，在解决问题时选择哪些策略更经济、更便捷、更省时，并根据分析结果，积极采取措施，进行改进。

顾客满意度提升的方法包括：

(1)加强与顾客的关系管理，向顾客传递积极的态度。不断强化员工的责任意识，鼓励员工加强与顾客的沟通与交流，积极创造一种心理上的信任关系，提供持续愉悦的服务，使顾客相信企业，愿意保持购买关系。

(2)倾听顾客的具体需求，科学、全面挖掘、分析顾客具体需求与期望，站在行业高度，提供优质服务，提升客户满意度。

(3)以标准化、多样化为基础，提供个性化服务。通过面向顾客的细节改善，提供即时、灵活的服务。使产品与服务更具切合性、差异性，满足不同顾客的个性需求，使服务质量更优质、高效。

(4)做好服务监督与调查。跟踪顾客的使用状况，记录顾客的反馈(批评与建议)。以积极的心态面对顾客的问题，持续改进。

(5)实时向顾客反馈产品与服务改进的状况，改善顾客不良的体验，实现满意度的提升。

从满意度测量到满意度提升是一个漫长的一连串的活动过程，如图2-7所示，因此，围绕循环图中的每一步开展工作，才能使顾客满意度得到有效的提升。

梳理顾客体验与满意度的相关理论，有利于推广人员明确在阅读推广服务的过程中，用户体验与用户满意度对服务质量评价、再次参与行为等的影响作用，从而在推广服务中，利用相关的测评技术有效开展体验与满意度测评，使服务存在的问题得以清晰、明确地呈现，极大程度上帮助推广人员厘清服务管理需要积极改进的关键层面。

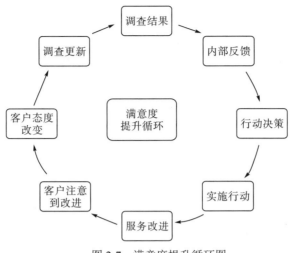

图 2-7　满意度提升循环图

2.1.3　质量管理

在社会科学领域中，质量有着丰富的内容。克劳斯比(P. B. Crosby)从生产者的角度出发，把质量定义为"产品或服务符合规定要求的程度"。这种定义可以使企业的运作不再只依赖于意见或经验，而集中于制订规定。著名的质量管理专家朱兰(J. M. Juran)则在其发表的《质量控制手册》中从顾客的角度出发，提出了"适用性质量"概念，认为质量是产品在使用时能成功地满足用户需要的程度(Gryna et al.，1962)。适用性质量概念将质量的评判权交给了顾客，具有动态意识，适应了时代发展的潮流。随着社会的不断发展，质量的概念不断完善与深化。20 世纪 90 年代，菲根堡姆(A. V. Feigenbaum)提出"全面质量"的新概念，认为产品或服务质量是指涵盖产品或服务整个周期中的一切过程质量，具体包括工作质量、服务质量、信息质量、过程质量、部门质量、人员质量、目标质量等。ISO 9000 则将质量定义为"一组固有特性满足要求的程度"。

随着市场经济发展趋势的增强，产品质量的高低不仅影响着成本的高低，还影响着产品市场的收益，因此，质量成为影响企业市场占有率的重要因素。质量水平对于企业的重要性已不言而喻。好的质量必须通过良好的管理过程获得，开展质量管理提高产品质量成为企业经营战略中的重要环节。

Juran 提出通过质量计划、质量控制、质量改进实现对质量的管理。质量计划的目标在于确定产品、项目达到的质量标准以及为达到标准做出的详细计划，包括识别顾客需求、制订最佳质量目标、安排资源和活动顺序等。质量控制指为确保产品或项目达到质量标准而采取的技术与管理措施。质量改进的目标在于消除质量问题，对现在的质量水平加以提高，使质量达到新的高度。Juran 所提出的质量管理三部曲深刻影响了世界质量管理的发展，并为全面质量管理(total quality management)奠定了理论基础和方法。

Feigenbaum(1991)提出全面质量管理的概念：为了实现最经济的水平，在充分满足顾客要求的条件下，进行市场研究、设计、制造和售后服务，把企业各部门的研制质量、维持质量和提高质量的活动构成一体的有效体系。他将质量管理的主要任务定义为建立质量管理体系，这一个全新的见解，具有划时代的意义。

国际标准化组织（International Organization for Standardization，ISO）提出全面质量管理是指导和控制一个组织的与质量有关的相互协调的活动。这些活动包括：质量方针、质量策划、质量控制、质量保证、持续改进。

全面质量管理的基本思想包括：以顾客为关注焦点，坚持顾客至上；强调人的积极性，强调全员参与；重视领导作用，领导者应创造并保持员工能充分参与的组织内部环境；采用科学系统的方法促进组织实现目标效率；基于事实选择决策方法，开展持续改进。

全面质量管理是全员、全过程、全范围、多方法的质量管理。全员质量管理强调全体人员参与，管理者应激发员工的积极性和创造性，以人为本开展管理，鼓励团队合作和各种形式的质量管理活动。全过程质量管理要求"始于识别顾客需求，终于满足顾客需求"，将全面质量管理所涉及的相关资源和活动都作为一个过程来进行管理。全面质量管理概念从提出后逐渐被人们认同，大量全面深入的研究纷纷在世界各国、各组织间进行，研究内容更是涵盖了质量管理的思想、对象、目的、过程、方法、培训等内容，使质量管理理论不断得到发展与应用。

戴明环（PDCA 循环）是全面质量管理的科学工作程序。威廉·爱德华兹·戴明（William Edwards Deming）通过减少生产和设计过程中的变异性来改进产品和服务的质量，他提出由计划（plan）、执行（do）、检查（check）和处理（action）组成的 PDCA 循环来改进质量，如图 2-8 所示。

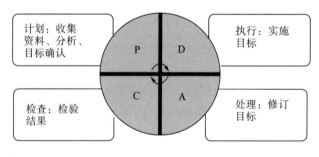

图 2-8　PDCA 流程图

计划阶段要求根据顾客的需求，制订企业的质量目标、方针、计划，并确定措施和方法；执行阶段，则把各项工作按照计划开展实施；检查阶段，根据计划的目标，检查实施情况和效果，并找出存在的问题；处理阶段，将成功的方案纳入标准，将不成功的方案留待下一个循环去解决。全面质量管理持续改进的特点决定了 PDCA 循环会被不断地应用，每一次应用都是在前一次改进基础上的超越。如图 2-9 所示。这种工作程序，反映了开展管理活动的一般规律性，对于产品和服务的供需双方具有很强的实践性和指导性。

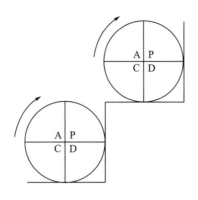

图 2-9　PDCA 循环图

六西格玛管理模式是全面质量管理的继承和发展，是实现顾客满意和最大收益的系统科学。西格玛是一种测量方法，指标准偏差，即观察值偏离正态分布均值的偏离值，特指某个产品或某项服务在运作过程中的完善程度。六西格玛，即 6σ，是指产品质量水平达到的目标。六西格玛管理是通过确定生产服务中的关键流程，研究该流程的结果差异，运用各类分析技术，找出量化的因果关系 $Y=F(X)$，找出关键原因并改进，达到优化、控制、消除结果差异的目的，从而提高顾客满意程度，降低生产成本的一种系统的、高层次的质量改进活动。六西格玛管理流程包括定义问题（define）、测量所处状态（measure）、分析问题（analyze）、改进状况（improve）、控制新的流程（control）共五个步骤，图 2-10 所示。

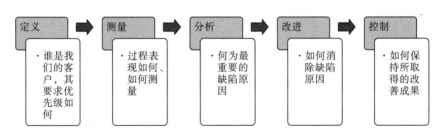

图 2-10　六西格玛流程图

作为一种管理哲学，六西格玛注重在管理过程中的统计技术应用，其常用工具和技术如表 2-1 所示。

表 2-1　6σ 管理改进活动中的统计技术

阶段	常用工具与技术
定义（define）	项目任务书、思维导图、SIPOC 图、逻辑思路图、质量功能展开、劣质成本分析
测量（measure）	流程图、故障模式失效分析、基本统计图形工具（柏拉图、直方图、散布图、因果图等）、过程能力分析
分析（analyze）	多元变量分析、ANOVA 分析、置信区间研究、回归分析、因果分析、假设检验
改进（improve）	实验设计概述、实验与分析、抽样方法、可靠性设计分析
控制（control）	控制计划、防差错方法、流程图

服务质量管理是全面质量管理的一个部分。ISO 9000 标准将服务定义为：为满足顾客需求，在同顾客的接触中，供方的活动和供方活动的结果（朗志正，1995）。服务通常具有以下特性：

（1）无形性。服务不仅本身是无形的，甚至顾客通过服务获得的价值也较难觉察或表达。

（2）整体性。是服务企业通过一系列的活动或过程将服务提供给顾客，也是顾客参与或消费服务的活动或过程。

（3）差异性。一方面，由于服务提供人员自身因素的影响，即使同一服务人员在不同时间提供的同一服务也不尽相同。另一方面，受顾客个体特征、心理状态、现实需求、能力态度等客观因素的影响，不同顾客对同一服务所感知的效果也不尽相同。

（4）即时性。服务不能像有形产品一样被储存、转售或退回，多为即时生产，即时消费。

服务不同于实物，服务所提供的都是无形的产品，服务的复杂特性，增加了服务质量的评判程度。Sasser 等（1978）提出：服务质量不仅包括服务的结果，还包括提供服务的过程。Rosander（1980）提出服务质量包括：人员绩效质量、设备质量、资料质量、决策质量和结果质量。1984 年芬兰瑞典经济管理学院的格罗鲁斯教授认为，顾客感知服务质量是顾客对服务期望与感知服务绩效之间的比较，感知服务绩效大于服务期望，则顾客感知服务质量良好，反之亦然，并在此基础上建立了顾客感知服务质量模型，如图 2-11 所示。从图 2-11 可以看出，顾客感知的服务受顾客期望的服务质量与顾客实际接受的服务质量双因素共同影响，企业的形象、口碑、宣传等对顾客的期望服务质量起到了重要的作用。顾客实际感知服务质量由两个部分组成，即顾客通过消费服务得到的结果（即服务的技术质量）及顾客是如何消费服务的（即服务的功能质量）。由于技术质量涉及的是技术方面的有形内容，故顾客容易感知且评价比较客观。功能质量则指的是企业如何提供服务以及顾客是如何得到服务的，涉及服务人员态度、方法、程序、行为等方面的内容，相比之下更具有无形的特点，因此难以做出客观的评价。考虑到顾客感知服务质量受双因素影响，因此，组织为提升服务质量开展质量改进，不仅需要改进技术质量与功能质量，还需考虑顾客期望，正确理解顾客需求与期望，进而提升顾客感知质量。

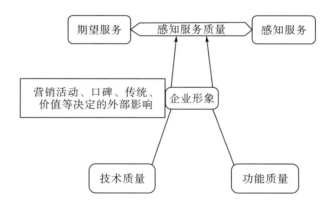

图 2-11　格罗鲁斯顾客感知服务质量模型（1984 年）

2000 年格罗鲁斯对服务质量模型进行了修正，如图 2-12 所示。在新的模型中，对组织形象给予了特别的关注。组织形象是组织在顾客心目中形成的总体印象。组织形象是顾客感知服务质量的过滤器。组织拥有良好的形象质量，一些个别的失误会获得顾客的体谅，但若组织形象不佳，些许的失误都会给顾客造成很坏的印象。

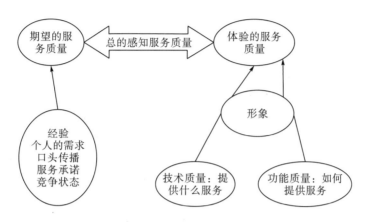

图 2-12　格罗鲁斯顾客感知服务质量模型（2000 年）

在格罗鲁斯顾客感知服务质量模型的基础上，1985 年美国营销学家 A. Parasuraman、V. A. Zeithamal、L. L. Berry 等提出了服务质量差距模型，也称 5GAP 模型，用于分析服务质量问题根源，如图 2-13 所示。

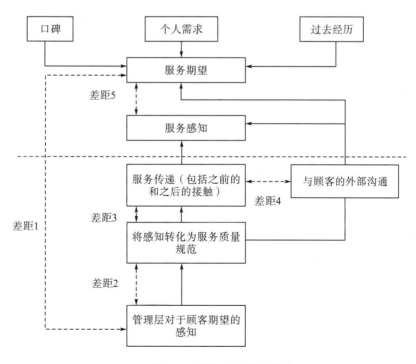

图 2-13　服务质量差距模型

　　服务质量差距模型详尽地说明了服务质量是如何形成的。模型的上半部分指出顾客感知的服务与个人期望、需求密切相关，也受组织的口碑、沟通活动影响。对组织而言，赢得顾客的首要条件是提供与其期望一致的服务。模型的下半部分是提供服务的组织一系列内部决策和内部活动的结果。同时，服务质量差距模型提供的差距分析，也能为改善服务质量提供依据。模型中的五大差距分别如下。

　　差距 1：组织对顾客期望的感知差距。该差距产生的原因在于：组织对顾客需求分析的信息不准确、组织缺乏应有的需求细分、组织与顾客之间的信息沟通失效等。改善该差距的途径包括：开展深入的顾客调研、开展顾客关系管理、加强与顾客的沟通。

　　差距 2：服务质量规范设计差距。该差距产生的原因在于：服务设计忽略顾客真实需求；设计模糊，缺乏系统性；设计与需求不匹配等。改善该差距的途径包括：明确服务目标，将服务设计规范化、标准化。

　　差距 3：服务提供和传递的差距。该差距产生的原因在于：组织对服务目标宣传不足，导致员工对服务目标、标准认识不一致；服务过程中无有效的监控措施。改善该差距的途径包括：开展员工培训，建立标准化服务规范；建立科学合理的监控机制。

　　差距 4：信息传播与顾客外部沟通产生的差距。该差距产生的原因在于：组织过度承诺，缺乏有效的信息传播。改善该差距的途径包括：开展符合实际的服务宣传、加强顾客关系管理、开展高效沟通。

　　差距 5：顾客感知服务质量的差距。该差距受上述 4 个差距的影响，是其他 4 个差距累积的结果。只有积极改进上述 4 个差距，才能使该差距缩小。

　　顾客感知服务质量的评价方法有 10 余种，常用的为 SERVQUAL 评价方法与 SERVPERF 评价方法。

　　1988 年 Parasuraman、Zeithamal、Berry 三人提出一套衡量服务质量的标准，即 SERVQUAL（service quality）量表，该量表对顾客感知服务质量的评价是建立在顾客期望服务质量和顾客接受服务后对服务质量感知的基础上，度量两者的差异，并将其作为评判服务质量的依据，量表包括 5 个测量维度 22 个问题。五个维度分别为：

　　（1）有形性。包括服务设施、设备、服务人员仪表等。

　　（2）可靠性。组织具备准确、可靠的履行服务承诺的能力，无差错的记录，真诚解决问题等。

　　（3）响应性。准确告知顾客提供服务的时间，快速做出响应等。

　　（4）保证性。获取顾客信任，对顾客有礼貌等。

　　（5）移情性。理解顾客多样化的需求，给予顾客关心。

　　Parasuraman 等认为，通过 SERVQUAL 量表，可以有效地评估顾客感知服务质量的真实水平。结合服务质量差距分析模型，寻找问题根源，制定改进措施。

　　Cronin 和 Taylor（1992）认为：PZB 的差距模型缺乏实证性研究。为了克服 SERVQUAL 的缺陷，他们于 1992 年提出 SERVPERF（service performance）度量方法。SERVPERF 是 SERVQUAL 的继承与发展，它仅利用服务绩效来度量服务质量，因此，应用上比 SERVQUAL 简单实用。

　　服务质量管理包括：服务市场研究与开展的质量管理、服务设计质量管理、服务提供过程质量管理。

　　服务市场研究与开展的质量管理，是确定和提高服务的需求，它需要对服务的市场进行确认和测量、分析市场特征、对市场进行预估、衡量及分析该项服务的各个构成要素。服务市场研究与开展的质量管理要求识别市场研究与开发过程中对服务质量和顾客满意度有重要影响的关键活动，对其进行分析，明确其特性，对所选出的特征规定评价的方法，建立影响和控制特征的必要手段，通过对其测量和控制保证服务质量。此外，服务广告的质量是质量管理的重要组成部分，因此，应注意对广告的长期规划，吸引当前和潜在的顾客。

　　有学者认为94%的质量问题是设计不完善而导致的，因此，服务设计是服务质量管理体系中预防质量问题的重要保证。服务设计的内容包括：对员工的选择、培训、教育，激励员工的设计；考虑顾客与其他要素、其他顾客之间的关系；组织和管理部门与服务相关要素之间的配合；利用有形的技术环境传递无形服务的线索和信息。

　　服务提供过程的质量管理包括：服务自身的评定，即组织是否遵守规定提供规范服务，并对服务进行监督，在出现偏差时，进行调整；顾客的评定，是对服务质量的基本测量。顾客评定与服务自身评定相结合，可以使组织避免质量偏差，持续改进服务质量。

　　对服务质量的相关理论进行梳理，有利于推广人员了解在服务推广的过程中，相关的科学化、系统化的质量管理策略与方法，并根据推广服务的具体实践，通过创新性地参考、借鉴，有效运用在阅读推广服务工作中，不断提升推广服务质量。

2.1.4　顾客满意度与服务质量管理的关系辨析

　　如前面的相关理论所述，顾客满意度与服务质量有着密切的关联。

　　一方面，1994年Oliver提出"质量是一种以满意度为基础的度量"。服务质量管理中最主要的原则即为：关注顾客。顾客是服务质量的最终评判者，如果服务得不到顾客的有效反馈，那么服务的目标只能是服务提供组织的一种美好愿望。虽然在现实的服务过程中，由于服务的异质性与无形性，使得服务质量很难像有形产品那样准确测量，但顾客明白对自己来说服务的哪些因素是重要的、哪些是不重要的，服务过程哪些有效、哪些无效。有效的顾客反馈能测量出顾客对服务的满意程度，了解顾客对服务的感受，从而获得相关质量的可靠信息，量化服务的质量。因此，监测顾客感知的服务质量即监测提供的服务是否满足了顾客需求，顾客是否满意，至关重要。

　　另一方面，根据美国顾客满意度指数模型可知：顾客的感知质量将影响顾客的满意度。通过有效的顾客满意度测量，掌握影响顾客满意度的关键因素，判断当前服务中存在的主要问题，并对关键因素开展针对性的关注与改善，提升顾客满意度，使顾客满意，认可、赞美服务的质量，这也是提升服务质量的一种快速、有效的途径。

　　因此，基于顾客满意度开展服务质量管理，就必须通过测量顾客满意度，掌握顾客不满意的问题所在，并利用这些信息，改进服务质量管理的内部过程。通过在服务中建立相应的程序，正确识别顾客需求与期望，创建一种良好的服务环境与支持架构，更好地满足顾客需求，提升顾客对服务质量的感知价值。

2.2   文 献 综 述

2.2.1   阅读用户需求述评

国内外学术界对用户的阅读需求十分关注，学术成果较为丰硕。

国外对用户阅读需求的研究可以归纳为三个层面。

（1）阅读需求的调查与分析。阅读需求的调查与分析对于正确理解用户的阅读需求有着重要作用。Bosuwon 与 Woodrow（2009）指出，在开展商务英语课程前对参与者进行需求分析，从而确定学习目标、内容与评价方式，将有利于提高泰国大学生英语阅读能力。Anton 等（2018）在论证电子阅读器采用情况时，分析了不同用户的需求与阅读器有效利用之间的差异。Boakye 与 Mai（2016）通过对社会学一年级学生开展开放式问卷调查，分析了学生的阅读需求。研究认为，社会学一年级的学生在阅读方面面临着认知、语言和情感方面的需求与挑战。研究提出应该根据需求分析的结果，为学生设计一个处理认知、语言和情感问题的阅读干预方案。

（2）阅读需求的实现评估。用户的阅读需求是否实现，是阅读活动成败的关键所在。Manzo 和 Manzo（2013）将非正式阅读思维清单作为评估工具，通过收集学生参与阅读的思考、元认知和文本写作，揭示学生的阅读优势与现实需求的关联。Shippen 等（2014）在开展双组阅读实验后提出：有效评估阅读教学的效果，还需开展学生阅读初始能力的评估，以确定教学项目是否满足学生的需求。

（3）满足阅读需求的策略与方法。Shapiro（2008）认为在开展阅读进度监控前，要对学生的阅读成绩设定目标，必须根据学生的状况，建立衡量成绩的学术目标，从而为家长、教师、教育者提供适合的干预方案。Jones 等（2016）提出阅读的干预措施应具有区别性，根据学生阅读技能需求的不同，在阅读解码、阅读速度、文本理解三个领域提供差异化的干预措施。Bowren（1987）认为，对待阅读理解有困难的孩子，专家与老师应考虑分析孩子最基本的阅读需求，通过对小组或个人开展干预，有针对性地教授阅读技能，这包括阅读的解码、对单词进行建模及形态教学。Wickstro（2004）提出，高中学生最有效的阅读学习是建立在实用、情境与个人需求的基础上，按照学生不同的需求，使个人能够通过他们的阅读来增强解释和解决问题的能力。美国公共图书馆在一个长期的活动"夏季阅读"中响应了青少年与儿童不断变化的阅读需求，将暑假传统的阅读活动与科学、技术、工程与数学等特殊的学科领域进行了整合，这种改变体现出了"夏季阅读"的积极成果。

国内方面，不同用户群体的阅读需求特征成为研究热点。茆意宏和崔倩倩（2015）对农民移动阅读需求进行了抽样调查与分析，提出了农民用户在阅读内容、载体、方式等方面的需求。娄建国（2015）针对高铁旅客群体在车站阅读环境下所表现出的阅读倾向进行分析，剖析旅客的阅读偏好。邓香莲（2012）指出在新媒体环境下，少年儿童的阅读需求表现出多层次性、从众性以及周期性等特点。另外，用户阅读需求与图书馆的服务也成为关注热点之一。王宁和曾元祥(2015)认为，加强图书评论工作有助于用户甄选图书、提升用户文艺审美水平、服务人民阅读需求。桂胜和田北海(2006)提出，公共图书馆的馆藏建设应突出知识性、文艺性，兼顾趣味性和实用性，从而满足用户需求。此外，刘军(2012)利用数据挖掘技术对图书馆文献管理集成系统数据库进行深度挖掘，研究用户阅读需求偏好特点。李锐等(2013)对图书馆服务本科生阅读需求的满足情况进行了调研。李金花(2011)分析了参与者对阅读活动的具体感知与其阅读期望。

分析上述文献可知，用户服务阅读需求的研究呈现出多元化、多角度的特点，研究领域显然不局限于图书馆学范畴本身，还涉及计算机科学、心理学、管理学等学科范围。但从文献中也可以看出：阅读推广活动中用户的需求是否被准确理解，是否得到了有效的满足，如何去评判用户需求因素的重要程度与满足程度之间的关系，推广人员对需求重要性的理解，需求差距产生的原因，如何正确对待用户的阅读需求等方面的内容还比较欠缺，在此基础上开展进一步的研究，对缓解或消除因需求认知差距而导致的用户阅读满意度低下、提升阅读推广服务质量将有着十分重要的作用。

2.2.2　阅读用户满意度述评

国外对阅读活动中用户满意度的相关研究较为丰富。研究围绕以下三个方面开展了大量的论述。

(1)对参与阅读活动的用户开展满意度调查。由于阅读推广是服务性活动，它的服务质量很大程度上取决于用户感知。因此，部分研究关注了用户在参与阅读活动中的感知与体验等，通过用户满意度衡量阅读活动的质量与价值。在阅读推广活动结束后，相关研究的满意度调查包括：在参与阅读推广活动中，用户对自身的阅读行为、态度、效果、兴趣的满意度；阅读推广对用户阅读态度、行为、兴趣及技能的影响程度，对形成终身性阅读习惯，对扩展其社会交往及对形成阅读氛围的影响程度等(Cunningham，2001)。Gladwin和Goulding(2012)调查了英国大学开展休闲阅读的服务效果，通过电子邮件、问卷调查和后续访谈，着重探讨了参与者的满意程度与态度，并从参与者的角度，提出对开展休闲阅读活动的建议。Monteiro(2013)研究了小学四年级学生与二年级学生开展同伴阅读的效果，通过问卷对参与同伴阅读学生的阅读满意度进行测量。Celano和Neuman(2018)在公共图书馆对孩子素养发展的调查中指出：参与公共图书馆"夏季阅读活动"的孩子满意度较高，其收获的阅读成果、兴趣程度、社会交往行为均明显强于其他休闲活动。欧盟的终身用户项目(lifelong readers project)中，各个学校通过问卷评估了阅读推广对用户的影响效果，证据显示学生通过活动能够更流畅地阅读和表达，从而变得更加独立、自信。Kiili等(2012)对38名16～18岁的芬兰高中学生开展了一项社交合作阅读的实证研究，研究关注了学生在查找资源、加深思维、扩展想法、增强理解、收集反馈等阅读层面的满意状况。

(2)提升用户满意度的策略。Young等(2015)认为孩子如果一起阅读，他们对自己的阅读能力有更积极的看法。Ncube和Hussein(2019)在研究用户对教科书开展合作阅读时发现：合作阅读可以通过对内容的讨论、互动，使用户更专注于阅读，更好地理解内容，这促进了个人的学习，增强了用户的满意度。因此，应鼓励用户在阅读教科书时开展更多合作，提升用户阅读体验。Landoni 和 Hanlon(2007)对公共图书馆中的两个阅读小组进行了电子书阅读实验，研究结果显示，读者对于使用像 PDA 这样的电子工具并不抗拒，但他们也未表现出对电子书的任何偏好，研究认为，读者在阅读情感上更偏向纸质书籍，对纸质书有更高的满意度。Huang 等(2014)根据用户的阅读体验，对用户的需求开展了调查，分析了平板电脑各种功能与用户满意度的相关性，以期在设计界面时运用更好的策略和技巧，培养他们对阅读的积极态度。研究结果表明：界面改进后，用户阅读的态度、行为意向均优于界面改进前。

(3)对影响阅读满意度的个体特征等因素进行分析。有研究认为，年纪、性别等对自身的阅读满意度有较大的影响。通常年龄较小的孩子对自己的阅读反应更为积极，而女孩子的反应比男孩更为积极(Hall and Coles，2019)。Marinak 与 Gambrell(2010)为了更清楚地理解读者的阅读动机，对 288 名三年级的学生开展调查，研究了其作为读者的自身体验及获取的阅读价值，发现普通读者中三年级男生和女生对阅读能力同样自信，但男生对阅读的重视程度低于女生，这一发现揭示了动机、性别差异与满意度的关系。

国内方面，对阅读满意度方面的研究在快速增加。文献涉及阅读推广活动中用户满意度的评估。王素芳等(2013)在对儿童阅读推广活动的评估指标中列出了参与者满意度指标并给予了其权重。黄健(2013)通过问卷调查的方式收集了用户参与阅读推广活动的满意度相关状况。左珊和毛太田(2019)借鉴顾客满意度模型，引入图书馆阅读推广活动，从读者视角构建了高职院校图书馆阅读推广活动读者满意度指数模型，并针对性地进行了实证研究，充分验证了模型的科学性、合理性。乔红丽(2017)以图书平台类 App 为研究对象，通过调查问卷，分析了用户对这类 App 的界面设置、内容服务、收费模式、支付体验及互动服务等 5 个维度的满意程度。徐芳与张惠萍(2018)对网络读书频道用户体验满意度进行了调查与分析，研究认为，网络读书频道广告弹窗影响用户体验的满意程度。

少部分文献涉及用户满意度与其他变量之间的关系。李武(2017)利用问卷调查法，考察不同维度的感知价值变量对用户电子书阅读客户端的满意度和忠诚度的影响。赵文军与谢守美(2019)采取焦点小组访谈和深度访谈相结合的定性方法，以大学生为研究对象进行问卷调查，利用结构方程进行数据分析，分析移动阅读感知价值的结构维度，构建感知价值、满意度和行为意向的关系模型。

分析国内外已有的研究成果可知：当前，国内外阅读界都较为重视对用户满意度的测评，认同用户阅读满意度是阅读效果评价的有效指标。但对阅读推广活动用户满意度的影响因素研究相对薄弱，各因素之间的深层次结构关系尚未能得以详细揭示，此部分研究尚处于探索阶段，在稍后的研究中，将在真实阅读推广实践情景中详细讨论用户满意度的推广影响因素与个体心理、行为因素，根据各因素对用户阅读满意度的影响强度，明确改进阅读推广服务的有效途径，这是对此领域研究的有力补充与完善。

2.2.3　阅读推广质量述评

阅读推广服务质量的好坏直接影响到用户参与的态度与行为，因此，国内外阅读界都高度重视阅读推广服务质量，并对其开展相关的理论与实践研究。

通过对国外相关研究的分析，可以看出，国外对阅读推广服务质量的研究主要集中在以下四个方面。

(1) 阅读活动服务质量的综合评估。部分阅读活动对其服务的质量开展了全面性、多元化的评估实践。英国"快速阅读"活动旨在为成年人提供畅销作家的书籍，通过阅读素养专家撰写的阅读指南及对阅读开展检查，促使成年人完成扫盲课程，帮助他们在人生中实现自己的抱负。英国学习与工作研究所通过对 149 名在 2015 年 11 月至 2016 年 1 月使用"快速阅读"作为学习工具的人员开展在线调查，论证了"快速阅读"在提升识字技能、建立阅读信心、持续参与阅读等方面的积极作用。国际图书馆协会联合会 (International Federation of Library Associations and Institutions，IFLA) 第 125 号专业报告《在图书馆中利用研究促进识字与阅读：图书馆员指南》中指出：对阅读推广工作开展研究性的评估工作是极为重要的。推广人员、用户及活动赞助商都想知道推广服务的效果如何。研究通过提供形成性评价与总结性评价开展评估，评估内容包括以下四个维度：对用户进行评估，如有多少人参加、参与的质量如何、参与者的想法与感受等；对活动内容进行评估，如推广内容是否相关、信息传递是否快速有效等；对图书馆进行评估，如图书馆资源使用的效果、推广活动如何支持图书馆任务等；对活动计划本身进行评估，如计划是否有效完成、推广人员是否参与并做出决策等。Greenwood 等 (2003) 在其阅读活动的案例研究中，对活动的质量进行了评估，包括：教师的评估 (教师提出新策略的数量、阅读教学中老师的行为等)、阅读教学过程的评估 (阅读教学生态、教学过程中学生的行为、课堂设置、对等辅导等)、学生阅读能力的评估 (阅读量及其流畅程度等)。

(2) 用户感知阅读服务质量的影响因素。部分专家、学者研究了在阅读推广活动中影响用户感知服务质量的因素。用户个体特征因素的不同，会造成参与同一阅读活动的不同用户对服务质量有不一样的体验感受。Heyns (1979) 认为，公共图书馆阅读活动中，影响孩子感知质量的个体因素包括孩子是否运用了公共图书馆资源、孩子的性别、家庭社会经济状况及家离图书馆的距离。McGill-Franzen 和 Allingto (2017) 则指出用户所处阶层及所拥有的阅读背景、阅读经历将直接影响其阅读效果及心理感受。此外，阅读服务的传递方式也会影响阅读用户对服务质量的感受。Lee (2014) 论证了韩国小学阅读课采用的阅读伙伴的方式，发现这种方式能促进学生在阅读书籍数量、学习阅读技能、理解与记忆阅读内容等方面的积极提升，帮助学生获取积极的阅读体验与态度，使学生认同阅读活动。Mitchell (2015) 研究发现在"暑假独立阅读"推广活动中，参与者使用数字阅读器后个体的阅读行为、社会阅读关系、阅读成就均有提升，因此，参与者对"暑假独立阅读"持认同态度。

(3) 阅读环境对阅读质量的影响。Vlieghe 等 (2014) 在社交媒体环境下进行了一项关于职前教师对学生开展阅读练习的探索研究，分析了社交阅读和社会媒体在素质教育中的作用。大部分的参与者认为 Goodreads 这一社交平台中的阅读评论与评级是不完整、肤浅可疑、不相关或非结构化的。他们认为，缺乏重点和控制的阅读减少了 Goodreads 平台中的信息整体质量。Asterhan 和 Hever（2016）研究发现，在脸谱（Facebook）网络的阅读环境中，大学生对阅读资源开展交流辩论有利于参与阅读与学习，以及对复杂科学话题的理解。

（4）阅读活动质量控制策略。部分研究关注了如何在阅读推广活动中更好地提升服务质量。Langendonk 与 Broekhof（2017）提出，在荷兰全国性阅读推广项目"阅读艺术"服务过程中应注重数字化服务监控系统的建立，以监测学生的阅读行为与教师的推广行为。Guldager 等（2016）提出，在对小学生开展全校范围内的阅读推广活动中，其服务应以促进学生享受阅读的体验为重心，因此，应将阅读作为一系列愉快的活动而不是强制性或孤立的活动，帮助学生更多、更广泛地阅读，从而使其保持阅读热情，提升活动质量。Rojas-Drummond 等（2014）研究发现，通过在阅读活动中使用合作性阅读策略，小学生阅读理解能力和口语、识字能力得到了较大的发展和促进。Taylor 等（2011）以实验的方式在两年内对美国各地 13 所学校开展了一项"阅读改革"活动，研究了改革中的改进因素与学生阅读成绩增长的关联。研究通过对学生开展阅读流畅指数测试、标准化的阅读理解测验，有针对性地写作评估，证明了"阅读改革"对学生阅读绩效有促进作用，从而明确了教师对学生开展高水平的阅读指导、教师与管理者持续开展改革讨论、教师与家长就学生阅读开展合作关系、教师反思自我发展等都是有效的阅读改进策略。此外，有研究认为，阅读活动主办方以外的人士或团体的参与，有助于阅读活动服务质量的提升。休斯敦阅读委员会执行主任 Margaret Douty 认为，依靠社区全面参与则能有效帮助学校、教堂、学习中心和图书馆更好地开展阅读服务项目。欧盟"终身用户"项目提出，有效的阅读指导、教师教育和持续的专业发展，都是提升阅读活动质量的策略。

国内方面，对阅读推广质量的相关研究主要有以下四个方面。

（1）阅读推广服务质量评估的重要性。岳修志（2012）提出，有必要对现有的高校阅读推广活动进行梳理，探讨这些阅读推广活动的特点和关系，对每一种阅读推广活动进行评价，从而系统地提升阅读推广活动的效果。张麒麟（2015）认为，通过阅读立法，能直接规定整体性的评估标准，以评价阅读推广项目的效率。刘银娣（2018）在介绍英国、美国两国开展阅读推广详细战略的基础上，提出我国在开展全民阅读推广项目时，需要检查各项阅读推广项目的进度情况，评估实施效果。夏立新等（2015）提出，结合我国全民阅读工作的进展和实践，应从组织维、资源维、用户维三个角度探索全民阅读评估标准体系框架的构建，基于多维集成视角建立全民阅读评估框架，构建多层级、多维度的全民阅读评估标准体系。

（2）阅读推广服务质量的影响因素。黄健（2013）认为，阅读推广活动的效果，与用户认可度、图书馆重视程度、馆藏以及其他因素有重要关系。王琦和陈文勇（2014）提出，在移动阅读服务中，阅读客体影响到移动阅读服务质量的准确性，阅读环境直接影响服务质量的时效性。李杨和陆和建（2018）提出，以数字化、网络化为主要特征的信息时代，技术进步在很大程度上将进一步成为提升阅读推广效率的重要推动力。因此，借助现代信息技术和数字化媒体，建立实体资源与虚拟资源有机结合的资源体系，能提升阅读推广工作的质量和效率。

(3) 服务质量的评估维度。王素芳等(2013)探索了图书馆儿童阅读推广活动成效的综合评估问题，他们运用德尔菲法和层次分析法，尝试建立一个包括图书馆、用户感知、社会影响等多维度的儿童阅读推广活动综合评估指标体系。淳姣等(2015)基于 CBBE 模型构建了包括品牌标识、品牌绩效、品牌形象、品牌评判、品牌感觉、品牌关系的阅读推广的质量评估框架。余小玲(2015)设计了阅读推广活动质量评价指标体系，其评价指标包括馆藏文献资源、阅读推广活动过程、设施设备资源、阅读推广活动结果，并在此指标体系基础上，对各项指标确定权重、量化分值等，使评价指标具备可用性与规范性。谢燕与邹军(2019)以全面质量管理为理论基础，通过采用问卷调查、专家访谈、变异系数法等方法，构建了系统全面的高校图书馆阅读推广质量评价指标体系，旨在从阅读推广活动的前期、中期、后期的影响因素出发，对活动质量进行定量化评价。

(4) 阅读推广质量管理。范并思和王巧丽(2015)提出，图书馆管理者需要对阅读推广进行总体策划，通过设计内容丰富、形式新颖、具有针对性的阅读推广项目，实现图书馆的服务目标。洪伟达和马海群(2018)指出，阅读推广工作的流程化与规范化是图书馆阅读推广实施性规范的重要内容之一，应对阅读推广进行项目管理或过程管理。张欢等(2019)提出，借鉴全面质量管理理论，分析阅读推广所涉及的责任主体、推广对象、推广内容、环境资源及技术手段等系统要素，参考全面质量管理循环，梳理阅读推广的工作流程。

梳理已有阅读推广质量方面的研究可知，首先，国内外学者都注意到了阅读推广质量的重要性，对提升阅读推广服务质量达成了共识。其次，相关阅读推广质量的研究理论日益丰富，其研究的关注点也基本相同，主要集中在阅读服务质量评估、阅读服务质量影响因素及服务质量保障等方面，为解决阅读推广服务的质量问题奠定了一定的基础，但就目前的研究来看，研究尚不完善，其关注重点及研究深度仍存在一些不足，具体表现在以下三个方面。

(1) 缺乏从管理角度的重点研究。阅读推广服务的环境充满复杂性及不确定性，因此，提升阅读推广的服务质量必须借鉴相关管理理论与技术，在真实的推广情境中不断地实践探索，通过在阅读推广活动中调集推广人员的积极性、准备高质量的阅读推广材料、提供阅读需要的设备和工具、规范推广的方法手段、构建良好的阅读氛围与环境、衡量与测评用户的感受等，设定出满足用户阅读需求的科学管理体系，切实解决阅读服务中发生的各种问题。国内外的研究仅少数文章提及质量管理思想，且针对阅读推广服务的质量管理理论、技术、方法的研究成果极少，对阅读推广服务质量管理的研究尚处于起步阶段，没有形成系统的体系，急需进一步深入挖掘。

(2) 研究内容有待进一步深入与细化。从研究内容来看，国外偏重阅读推广项目具体效率的评估与管理服务提升的策略，国内则侧重于对服务质量问题的描述及对策分析；对阅读推广服务流程、模式、方法与满意度、服务质量之间的关联关系研究较少，对用户主体本身阅读认知、行为、态度与满意度的研究也较少。因此，研究内容还需不断拓展与深入。

（3）研究方法尚需完善。国外注重实证研究，说服力较强，而国内的研究多采用定性研究，根据阅读推广的特征提出相关的推广策略，研究结果的针对性较弱，因此，国内研究还需增加实证研究。此外，结合当前大数据时代背景，在开展阅读推广服务质量管理的实证研究过程中，还需改进数据收集与统计方法，满足实证研究需求。

鉴于以上三个方面的不足，本研究希望以相关理论基础为指导，探索阅读推广服务过程中影响用户满意度的推广因素及个人需求、行为等因素，并在此基础上，有针对性地提出基于用户满意度视角、提升服务质量的有效性策略，以期为阅读推广质量管理服务提供理论依据与实践参考。

2.3　本章小结

阅读推广作为一种社会实践存在着管理的问题，但阅读推广又不同于一般管理，它有着特定的范畴。本章对管理领域中的顾客需求与期望、顾客体验与满意度、质量管理等相关概念及理论进行了界定与梳理，为研究在推广服务中如何合理配置推广资源、构建推广环境、增益推广质量等提供相关的理论支撑。此外，本章还对当前阅读推广服务中用户需求、用户满意度与质量管理的研究现状进行了深入阐述与评价，指出了研究存在的薄弱环节，为后期更合理、更准确地开展研究，探索具有科学性、操作性的服务决策依据提供支持与指导。

第 3 章　阅读推广过程中用户满意度的
外在影响因素研究

根据第 2 章中理论基础与文献综述可知：用户阅读满意度是用户阅读时心理主观的价值判断，它与阅读过程中阅读服务的提供有着密切的关系。而在阅读推广服务的实践中，绝大多数用户的阅读抱怨与退出均来源于对服务过程的不满。要使阅读推广服务提供给用户优质的阅读体验，不能想当然地依靠推广人员的直觉，而必须做到：在开展推广服务前，预测到服务环节中可能让用户感到不满意的地方，并尽可能在问题出现之前未雨绸缪地给出解决方案，建立正确的推广服务路径，提供合理服务，提升用户阅读的满意程度。

在本章中，根据用户阅读体验的视角，从不同的维度测量阅读推广活动中用户的满意程度，通过深度挖掘与分析，正确识别用户蕴含的真实阅读体验，进而分析评判推广活动中推广流程、技术、内容、方法、员工服务能力等系列推广因素与用户满意度的关联关系，确定影响用户满意度的关键推广因素（即外在影响因素），在此基础上不遗余力地对关键推广因素进行优先改进与完善，有的放矢地提升用户阅读满意度，减少用户抱怨与流失，提升阅读推广服务的效果与效率，推动阅读推广服务实现高效、可持续性发展。

3.1　研　究　设　计

3.1.1　研究方法

研究结合访谈法与问卷调查法，收集在不同目的、不同类型、不同规模的阅读推广服务中，用户对服务相关因素的满意状况。运用 SPSS 统计分析软件对测量的数据进行因子分析，探索影响用户满意度的关键因素。

3.1.2　研究对象

由于研究需要尽可能全面考察影响用户阅读满意度的相关因素，因此，研究的对象应具有广泛性。在访谈的过程中，研究随机访问了 30 名用户，这 30 名用户或参与过高校阅读推广活动，或参与过公共图书馆阅读推广活动，或参与过社区图书馆阅读活动，具备一定的代表意义。其后，通过在不同类型的阅读推广活动的现场定点投放问卷，采集样本开展调查。问卷的调查对象覆盖了参与不同类型推广服务活动的不同性别、不同年龄、不同学历层次的用户，信息来源广泛，具有一定的代表性。

3.1.3 测量变量的确定

由于用户的阅读体验是个人心理的阅读感受，这使得用户的阅读体验千差万别，而用户对服务中不满意的地方更是五花八门。研究首先通过访谈，收集一切与用户满意度相关的服务因素。访谈的问题主要针对用户在参与活动时，对推广的哪些环节感到满意或不满意，采用半开放式访谈，被采访对象可以就所提问题开展自由阐述。通过访谈问题的由浅入深，由简入繁，研究人员获取到了大量影响用户满意度的推广服务因素。

其后，一方面，参考美国顾客满意度指数、WEST-BROOK 满意测量量表等多类型满意度相关量表与指数模型中所提及的服务态度、用户抱怨处理等满意度影响因素；另一方面，借鉴服务质量差距模型中差距产生的外在原因，如服务设计与需求不匹配、服务设计缺乏系统性、服务过程中无有效的监控措施、缺乏有效的信息传播等推广过程中可能影响用户满意度的原因，结合用户访谈的结果编制初始问卷，问卷涉及满意度调查内容共29 项。

通过初始问卷对 10 名用户开展预调研。首先，要求用户指出问卷中出现的措辞不当、含义笼统、问题设计不准确、问题带诱导性、问题排列不恰当等情况，加以调整或删除；其次，采用独立样本 T 检验，对初始问卷中的题项进行分析，将差异性不明显的题项合并或删除。最终确定了 23 项满意度测量题项。

最终确定的调查问卷分为两个部分：首先，是对用户个人基本信息的收集，这包括性别、年龄、学历层次、学科范围等；其次，则是用户对阅读推广活动各变量的满意度测评。问卷的第二部分采用李克特五级量表(Likert scale)，对问题设置非常满意(5 分)、满意(4 分)、一般(3 分)、不满意(2 分)、非常不满意(1 分)五种答项，每个用户根据自己的感受选择答案，说明其个人的态度及心理感受。

3.1.4 问卷发放与回收

本研究的问卷采用现场发放、回收及"问卷星"网络平台发放、回收两种方式，方便不同问卷填写习惯的用户自由选择。研究共回收数据样本 796 份，通过筛选，剔除信息不完整的问卷 61 份，问卷有效回收 735 份，样本有效回收率为 92.34%。

参与问卷调查的用户，在性别方面，女性用户 423 人，占 57.55%；男性用户 312 人，42.45%。在年龄方面，低于 18 岁的用户 77 人，占 10.47%；18～35 岁的用户为 383 人，占 52.11%；36～60 岁的用户为 201 人，占 27.35%；60 岁以上用户为 74 人，占 10.07%。在学历层次方面，小学及以下用户占 43 人，中学用户占 175 人，大学用户占 468 人，大学以上学历用户占 49 人。在学科专业方面，无学科专业 218 人，占 29.66%；文史哲类学科 234 人，占 31.83%；理工类学科 196 人，占 26.67%；经管类学科 72 人，占 9.80%；艺体类学科 15 人，占 2.04%。从问卷用户的个人信息可以看出：无论性别、年龄、学历、学科，参与调查的用户分布均较为合理，具有一定的代表性。

3.2　数　据　分　析

3.2.1　信、效度分析

因调查问卷为自行拟定的项目，非标准化测量工具，为此，需要对问卷开展信、效度检验，从而保证研究的正确性与稳定性(耿爱生等，2014)。

开展信度分析(reliability analysis)是为考察问卷的可靠性与稳定性。信度指采用同样的方法对同一对象重复测量时所得结果的一致性程度。研究采用克朗巴哈系数(Cronbach's α)进行信度分析。当 Cronbach's α 大于 0.8 时表示问卷内部一致性极好，当 Cronbach's α 为 0.6～0.8 时表示问卷一致性较好，数值低于 0.6 则表示内部一致性较差。对数据开展相关分析，测得问卷的总体信度系数 Cronbach's α 为 0.872，这说明问卷可信度较高，研究结果可认定为稳定一致。

开展效度分析(validity analysis)是考察问卷的有效性程度，是科学测量工具最重要的必备条件。研究运用因子分析进行量表的结构效度分析，分析得出 KMO 系数为 0.970，且 Bartlett 球形度检验值对应的 Sig=0.000，小于 0.001 的标准，见表 3-1。因此，量表也保持了结构效度。

表 3-1　KMO 与 Bartlett 检验

KMO 取样适切性量数		0.970
Bartlett 球形度检验	近似卡方	9816.329
	自由度	253
	显著性	0.000

3.2.2　因子分析

在设计测量量表时，研究将推广活动中与用户满意度相关的变量都展示了出来，原始变量共计 23 项。为了有效减少变量的个数，研究采用因子分析法，把一些具有错综复杂关系的多个变量归结为少数几个综合因子，通过这几个综合因子，对原有变量作出最大的解释，从而更清晰地解释影响用户阅读满意度的推广因素。

由表 3-2 可知，通过主成分分析，对变量进行降维，共提取了 3 个公因子。从方差贡献率可以看出，第一个公因子解释了总体方差的 61.945%，第二个公因子解释了总体方差的 7.918%，第三个公因子解释了总体方差的 4.831%，三个公因子的累计方差贡献率为 74.694%，可以较好地解释总体方差。

表 3-2　因子提取结果

成分	初始值			未旋转的因子提取结果		
	特征值	方差贡献率/%	累计方差贡献率/%	特征值	方差贡献率/%	累计方差贡献率/%
1	14.247	61.945	61.945	14.247	61.945	61.945
2	1.821	7.918	69.863	1.821	7.918	69.863
3	1.111	4.831	74.695	1.111	4.831	74.694
4	0.887	3.857	78.552			
5	0.635	2.759	81.311			
6	0.522	2.268	83.579			
7	0.402	1.747	85.326			
8	0.330	1.433	86.760			
9	0.329	1.432	88.192			
10	0.296	1.287	89.479			
11	0.272	1.183	90.661			
12	0.262	1.140	91.802			
13	0.246	1.069	92.871			
14	0.227	0.987	93.857			
15	0.199	0.867	94.724			
16	0.190	0.827	95.551			
17	0.181	0.788	96.339			
18	0.174	0.755	97.094			
19	0.158	0.688	97.782			
20	0.142	0.619	98.401			
21	0.136	0.592	98.993			
22	0.122	0.529	99.521			
23	0.110	0.479	100.000			

注：表中数值为软件设置保留 3 位小数（四舍五入）。

　　由于因子载荷矩阵是不唯一的，所以应该对因子载荷矩阵进行旋转，其目的在于让每个变量在尽可能少的因子上有比较高的载荷。为了使提取出的因子具有可解释性，通过方差最大正交旋转，得到旋转后的因子载荷矩阵，如表 3-3 所示。从表 3-3 可以看出：是否提供了意见表达的渠道、用户提出的意见是否得到了明确的答复、意见的反馈速度、反馈的内容是否有效解决了意见中提及的要求此 4 个变量在第 3 个因子上的载荷较大，在其他两个因子上的载荷较小，且差异性明显，因此，可以将第 3 个因子命名为"阅读反馈"，用于解释这 4 个变量。同理，将其他的变量也按此要求归于第 2 个因子与第 1 个因子。将第 2 个因子命名为"推广人员态度与技能"，将第 1 个因子命名为"推广设计"。因此，可以认定"推广设计""推广人员态度与技能""阅读反馈"是推广过程中影响用户满意度的三个重要因素。

表 3-3　旋转后的因子载荷矩阵(略去系数小于 0.5 的值)

成分	主成分		
	1 推广设计	2 推广人员态度与技能	3 阅读反馈
1. 服务人员在服务交流中通过言语表达出的服务态度		0.937	
2. 服务人员通过表情、手势、眼神等表达出的服务情绪		0.847	
3. 服务人员解决阅读突发问题的能力		0.949	
4. 服务人员在服务过程中语言表达的能力		0.725	
5. 服务人员帮助用户的能力		0.885	
6. 服务人员对阅读活动进度控制的能力		0.692	
7. 服务人员对阅读活动氛围调节的能力		0.871	
8. 用户提出的意见是否得到了明确的答复			0.725
9. 对意见的反馈速度			0.917
10. 反馈的内容是否有效解决了意见中提及的要求			0.649
11. 是否提供了意见表达的渠道			0.811
12. 阅读目标的合理性	0.871		
13. 阅读目标是否满足了用户的需求	0.717		
14. 阅读内容与主题的切合度	0.689		
15. 阅读内容的难易层次性	0.734		
16. 阅读内容的知识丰富性	0.993		
17. 阅读内容的媒体多样性	0.639		
18. 阅读活动方式形式丰富	0.863		
19. 阅读活动方式适合用户习惯	0.882		
20. 阅读活动方式有利于用户的参与行为	0.659		
21. 阅读的氛围良好、和谐	0.904		
22. 阅读提供的支持服务	0.886		
23. 阅读提供的合作交流氛围	0.878		

3.3　研　究　结　论

本章在用户满意度受用户体验质量影响的理论基础上,通过开展用户访谈与问卷调查研究,探索了影响用户满意度的推广因素(外在因素)。

研究结论显示:"推广设计""推广人员态度与技能""阅读反馈"是推广过程中影响用户满意度的三项重要因素。要提升阅读推广的服务质量与用户满意度,需要不断对这三个因素进行改善与优化。

3.4　讨　　　论

测量用户满意度所能提供的信息要远多于简单地观察所获取的信息。对阅读用户满意度开展度量,测量用户的满意度有助于揭示一些很难甚至不可能看出的问题,实现对阅读推广质量深入的观察和理解，同时为推广决策者提供重要的改进信息，是提升服务质量不可或缺的工作。从研究结论可知，在具体的阅读服务实践工作中，要注重对以下几方面的持续优化。

1. 强调推广设计的科学性，力求高效满足用户阅读的需求

阅读推广活动绝不是简单地向用户推荐书籍或推送知识，而应该是通过推广活动，提供专业化服务，使用户在阅读过程中真正地获取知识，领悟情感，实现个人的全面发展，这样，用户才能体会到参与阅读活动的价值与意义，才能对活动感到认同与满意。

要帮助用户在阅读活动中真正地满足阅读需求，就必须紧扣用户的阅读需求与偏好，灵活恰当、科学细致地开展推广设计工作，通过行之有效的设计，引导用户深入、系统开展阅读，高效满足用户需求。

科学的推广设计首先表现为推广人员必须全面、具体地贴近用户的实际状况，了解用户的阅读习惯、阅读水平、心理特征与阅读需求，根据不同用户的阅读特征，制订适当的、差异化的推广目标。其次，在设计推广内容时，推广的内容不仅要丰富多样，有利于不同阅读偏好的用户选择不同类型的内容开展阅读，内容还应该具有递进性与连贯性，满足用户从浅到深，逐步领会阅读情感，获取阅读知识，实现对推广内容内涵与外延的准确掌握。再次，在设计阅读活动时，要为用户提供具有探究价值和思维内涵的阅读任务，引导用户向着明确的方向不断深入阅读。推广人员应对各类阅读方式进行优化组合，充分发挥自主阅读、合作阅读、探究阅读等各项阅读方式的优势，引导用户在不同阅读方式的活动中积极参与，不断地加深阅读感悟与体验，提升阅读成就感。最后，在对阅读环境的设计中，可以利用信息技术创设适当的虚拟情景，扩展用户的阅读思维和感受；搭建平等、和谐的阅读氛围，使用户敢于在阅读中与他人开展交流与合作，形成阅读的共鸣，深刻地激发用户的阅读兴趣，从而使用户更积极主动地投入阅读。

2. 注重对推广人员技能与态度的有效提升

推广人员服务态度不佳，知识、能力缺乏等问题，是造成用户阅读体验性下降、满意度不佳的重要因素之一。一次负面的推广效应其影响程度可能要比正面推广效应的影响程度大很多，为了有效提升用户阅读满意度，就必须将因推广人员服务态度不佳，知识、能力缺乏等问题造成的不愉快现象消弭于无形之外。

提升推广人员的服务态度，就必须使推广人员认同自己的服务工作，对阅读推广服务有着较为系统和理性的认知，认可、确信自身工作的重要性与必要性，从而使推广人员具备工作的光荣感与自豪感，培养对工作的奉献精神，不断地发挥工作的积极性，在服务中充满耐心，关爱用户，尊重用户。此外，推广组织应促进推广人员开展换位思考，走进用户的心灵，站在用户的立场去思考、理解用户的阅读行为，知其阅读所想，阅读所爱，阅读所难，顾及用户阅读的自尊与感受，有效地避免对用户阅读做出冷漠、不屑、嘲讽的行为，伤害用户的参与情感，而通过对用户阅读行为的关心、赏识、赞扬等态度，激励用户维持阅读兴奋，开展深入持久的阅读。

　　熟练地掌握推广的专业知识与技能，可以使用户对推广人员产生信任，从而愿意接纳推广活动中安排的相关活动与任务，沿着推广服务的活动设计，顺利完成阅读目标。推广人员知识与技能的提升，一方面依靠推广人员自身持续不断地开展学习，跟随阅读推广发展变化的需求，不断加强自身的业务能力，使自己成为合格的服务人员。如：能对推广的重难点部分进行有效权衡，筛选出最佳的支持方法，提供有效的阅读帮助；能够通过细致的阅读监控了解用户的阅读困难，正确分析出困难的原因所在，快速给出一套切实可行的解决方案；当用户阅读信心动摇，产生放弃、退出等想法时，能快速增强用户的阅读自信与勇气，鼓励用户坚持到底。另一方面则需依靠推广组织开展适当的培训工作，针对推广人员知识与技能存在的不足，通过专题学习、小组研讨、论坛学习、案例分析等多样化的培训方式，快速掌握相应的知识与技能，提高个人专业素质，使知识和技能与工作相适应。

　　3. 重视用户反馈的意义，积极提供沟通与改进的渠道

　　当用户在开展阅读时，难免会遇到这样或那样的阅读困难、疑惑、焦虑甚至是抱怨，这是可以理解的。当这种不良情绪被忽视时，对用户个人来讲，会产生阅读的挫败感，直接影响阅读的体验。此外，用户还可能将自身烦躁不满的阅读情绪扩展开来，影响到其他用户，造成消极的群体影响。因此，要积极重视用户的相关体验与感受，提供正当的反馈渠道，尽可能通过沟通，消除用户的不良情绪。

　　推广组织首先要积极改变用户认为推广组织不愿意或不重视听取反馈意见的普遍现象，在用户参与活动之初，即向用户明确表明，推广组织非常希望听取用户的阅读体验及相关建议，从而发现推广中存在的问题，开展改进与优化，为用户真正提供高效、优质的阅读服务，打消用户的顾虑，培养用户对推广组织的理解与信任，使其在服务中能真心实意、诚恳坦率地表达出个人的阅读体验、感受、意见与建议。

　　其次，要明确告知用户，推广服务具体有哪些渠道可供用户反馈意见，鼓励用户通过渠道积极开展阅读反馈。意见反馈的渠道从途径来讲，既可以是在线平台的沟通工具，也可以是与服务人员面对面的交流；从方式上来讲，可以是个人在阅读过程中随机地开展反馈，也可以是在服务结束后用户体验测评中的集中反馈。

　　当收集到用户的意见与建议时，应对用户的问题做出快速的反应，分析用户的反馈。当反馈意见来源于用户自身的阅读困难、疑惑时，推广人员应该使用理解的语气与用户开展交流，表达对其阅读困难的关切之情，提供适当的建议与帮助，支持用户有效解决问题，也可以鼓励其他用户分享自己的阅读经验及处理困难的方式，通过同伴协助的方式帮助解决问题。当反馈意见来源于对推广组织或推广流程的不满、抱怨时，应让用户意识到推广组织已经获取了他们的意见，并着手开展合理的行动，解决提出的问题。在问题没有完全得到解决时，告知他们改进的进展，表达出对用户意见反馈的重视程度。

3.5　本　章　小　结

在阅读推广服务的实践中，绝大多数用户的阅读抱怨与退出均来源于对服务过程的不满。本章通过开展用户访谈与问卷调查研究，探索了影响用户满意度的推广因素(外在因素)。研究结论显示："推广设计""推广人员态度与技能""阅读反馈"是推广过程中影响用户满意度的三个重要因素。要提升阅读推广的服务质量与用户满意度，需要不断对这三个因素进行改善与优化。

第4章 阅读推广过程中用户满意度的内在影响因素研究

用户满意度是用户主观的心理体验，由于用户个体的差异，决定了用户在对待同一推广服务活动时，其感知体验也不尽相同。分析用户个体的因素(即内在因素)对用户阅读满意度的影响，将有利于掌握用户的阅读规律，从而对服务质量开展改进与发展，促使服务与用户阅读期望相吻合，进一步提升用户的满意程度。

用户阅读的个体因素包含范围较广，如个体所处的社会环境、家庭环境、阅读心理与情绪、个人阅读经验、阅读能力、阅读需求、阅读行为等多种因素。这些因素都可能对用户的阅读满意度造成影响。根据用户满意度的相关理论，用户的需求与行为将对满意度产生较为显著的影响，因此，在本章研究中，着重讨论用户阅读需求、用户交互行为、用户参与行为与用户满意度的关联关系，为后期在推广过程中，从个体层面提出切合性、可行性的质量管理策略提供理论支撑。

4.1 阅读推广服务用户需求的理解缺口

在全民阅读活动不断深入开展的同时，如何有效提升服务满意度，增强推广活动的质量水平与社会效益，成为阅读推广服务亟待解决的核心任务之一。用户作为阅读推广的唯一服务对象，是活动成功实施的关键所在，是推广组织持续发展的重要基础。用户对活动的满意度将影响其本身在阅读活动中的情感投入、努力程度及受益度，也直接或间接影响到阅读推广活动的质量和成效。

提升用户满意度，则必须增强用户感知的阅读推广活动质量。根据服务质量相关理论可知，用户感知质量既受到推广过程中用户体验到的服务质量影响，同时也受用户个人的质量期望影响。因此，要提升用户满意度和推广服务质量，不仅要重视推广过程中影响用户满意度的各项因素，积极改进推广的相关策略与方法，促进用户的优质体验，还必须重视用户需求，考虑提供的服务是否与用户的需求吻合。

阅读推广活动中的用户需求是指用户在参与阅读活动中的目标、需要、愿望与期望，是自身当前阅读状况与期望状态之间的差距。准确识别用户阅读需求，并将其作为后期推广活动设计、策划、实施、评估的具体依据，进而满足用户需求与期望，将是服务活动必须直面的关键问题。

从用户视角来看，推广服务质量的评判标准在于：提供的阅读活动是否能满足自身的阅读需求，实现个体的内部价值。而在现实的推广活动中，推广人员往往更多衡量的是开展的服务能否大幅增强国民素质，能否有效提升用户群体的整体素养，促进社会的和谐发展。双方关注重心的不同，则可能导致推广人员对用户需求的理解与用户的真实需求产生差距与分歧，进而造成推广服务的决策失误，使用户感觉阅读推广服务质量低下，从而引发用户对推广活动的不满、抱怨，甚至是退出(王丽丽等，2009)。同时，对推广人员与用户双方开展"阅读需求"的调查研究，有利于客观发现用户真实的阅读需求与推广人员在现实理解中存在的差距，从而促使推广人员在以社会需求为导向的前提下，充分重视用户多元化、差异性的阅读需求，并有针对性地设计推广环节、分配推广资源，开展推广支持，激发和响应用户需求，极大程度缩小用户阅读需求与现实推广服务之间存在的落差，改善用户阅读满意度，实现阅读推广服务满足社会需求与个体需求的平衡，真正提升阅读推广服务质量。

4.1.1　研究设计

本研究重点解决以下三个问题：正确认识用户阅读需求重要性对用户满意度体验及阅读推广服务质量的影响；阅读的需求可以用哪些具体维度进行说明与阐述；在具体的推广过程中，推广人员是否正确理解了用户需求，在不同维度的阅读需求上，用户重要性认知与推广人员的重要性认知是否存在差别。

1. 研究方法

研究分别从推广人员与用户就用户本身阅读需求的重要性认知(重要性测评)及其需求的满足体验(满意度测评)等方面进行问卷调查。首先，通过相关分析，论证需求重要性与用户满意度的关联关系；其次运用探索性因子分析确定用户需求的主要构成维度；最后根据双方在需求重要性各维度的理解缺口，客观判定出产生理解缺口的原因，提出解决对策。

2. 研究对象

研究以 2015 年以来，参与过四川师范大学各类阅读活动的推广人员(包括宣传部、学工部、图书馆老师及参与策划、宣传的学生志愿者)与参与了活动的用户(本科生、硕士研究生、博士研究生等)为研究对象。

3. 测量变量的确定

首先对 5 名推广人员与 30 名用户进行了深度访谈，梳理出用户参与阅读推广活动的需求要素，并在借鉴参考了 KANO 模型中双维度认知模式(Kano，1984)、基本心理需求量表(Gagne，2003)、顾客需求重要性评价(Chang et al.，2004)等基础上，形成阅读需求初始测量项目，运用李克特五级等级量表，对需求的重要性与满意度进行分值评估，其中一级表示"非常不同意"，三级表示"折中"，五级表示"非常同意"。通过预调查，对两份初始量表(推广人员版与用户版)中测量问题的逻辑性、连贯性、条理性、程序性进行测试检验，并根据反馈信息进行调整，最终确定了正式测量问卷，如表 4-1 所示。

表 4-1　用户参与阅读推广活动的需求指标体系

测量目标	测量变量
用户参与推广活动的需求指标	强化阅读的价值 X1
	激发阅读的兴趣 X2
	扩展阅读渠道 X3
	体会阅读的情怀 X4
	抒发阅读的感悟 X5
	理解活动整体及个人阅读状况 X6
	提供合适的、个性化的阅读资源 X7
	提供专业化阅读指导与支持 X8
	搭建阅读交流的平台 X9
	给予用户阅读成果展示的机会 X10
	提供用户相互间合作阅读的机会 X11
	提供用户相互评价、反馈的机会 X12
	增强用户对阅读活动关系的划定、维系等归属感 X13
	增强用户阅读间的点赞、激励等阅读成就感 X14
	扩展用户阅读的知识领域 X15
	扩展用户阅读的思维广度与深度 X16
	提升用户对信息获取、加工、创造的能力 X17

4. 问卷发放与回收

利用网络问卷星平台向全校师生发放问卷，从 2017 年 4 月 6 日开始，截至 4 月 21 日结束，共回收用户有效问卷 4681 份，回收推广人员有效问卷 28 份。

样本数据特征如表 4-2 所示。

表 4-2　样本数据统计

统计变量	类别	样本数	百分比/%	统计变量	类别	样本数	百分比/%
推广人员样本 (N=28)	性别 男	8	28.57	用户样本 (N=4681)	性别 男	1076	22.99
	性别 女	20	71.43		性别 女	3605	77.01
	教育程度 大专以下	0	0		年级 大一	2025	43.26
	教育程度 大专	1	3.57		年级 大二	1551	33.14
	教育程度 大学本科	6	21.43		年级 大三	1050	22.43
	教育程度 硕士研究生	20	71.43		年级 大四	32	0.68
	教育程度 博士研究生	1	3.57		年级 研究生及以上	23	0.49
	专业领域 文史哲类	18	64.29		专业领域 文史哲学	1624	34.70
	专业领域 理工类	8	28.57		专业领域 理工类	1273	27.20
	专业领域 经管类	2	7.14		专业领域 经管类	814	17.38
	专业领域 艺体类	0	0		专业领域 艺体类	971	20.72

4.1.2 数据分析

1. 信、效度分析

研究分别对两个阅读需求测量问卷(推广人员版与用户版)进行了信、效度分析。推广人员版的问卷其内部一致性信度系数 Cronbach's α=0.954,用户版的问卷其内部一致性信度系数 Cronbach's α=0.94,均高于 Nunnally(1978)建议的信度标准,这表明两份问卷具有较高的可靠性。

分别对两份问卷开展 KMO 和 Bartlett 球形检验,推广人员版问卷 KMO 系数为 0.803,用户版问卷 KMO 系数为 0.913,均具有较为良好的因子分析适切性。且两份问卷 Bartlett 球形检验的 F 值等于 0.000,达到显著程度,表明被调查的变量具有共同因子,适合进行因子分析。因子分析结果表明,两份问卷特征根大于 1 的累积解释变异数均大于 60%,说明两份问卷测量有效,具有较好的结构效度。

2. 需求与满意度的相关性分析

由于阅读推广服务具有无形性和差异性的特征,这导致活动的质量很难像实体产品一样,通过具体可见的、标准化的测量要素进行统一的评价,而只能通过用户主观感知的服务水平与满意程度进行衡量。对用户阅读需求重要性与满意度开展相关性分析,从表 4-3 可知,阅读需求重要性与阅读满意度的 Pearson 相关系数为 0.686,且 P 值为 0.000,说明两者显著相关。因此,阅读需求重要性的理解缺口,将直接降低用户需求的满意程度,进而造成推广质量效益低下的问题。要提供最优质的阅读服务,增强用户满意程度,则必须重视需求重要性的缺口,根据其产生的原因,采取相应的解决措施。

表 4-3　需求重要性与满意度相关分析

		需求重要性	满意度
需求重要性	Pearson 相关	1	0.686**
	显著性(双侧)		0.000
	样本数	4681	4681
满意度	Pearson 相关	0.686	1
	显著性(双侧)	0.000	
	样本数	4681	4681

注：**在 0.01 水平(两侧)上显著相关。

3. 探索性因子分析

为了清晰用户需求变量的潜在结构,研究运用探索性因子分析法,将原有 17 项阅读需求原始变量进行浓缩,使因子变量具有较强的可解释性。

以用户问卷中的用户需求数据开展分析,得到旋转后的总解释方差(表 4-4)及旋转后的成分矩阵(表 4-5)。

从表 4-4 可知，旋转后总的方差解释为 81.000%，总共存在 5 个公因子，这 5 个公因子可以说明原来 17 个观测变量 81.000%的变差，表明此 5 个公因子对原有的 17 项用户需求具有足够的显著代表性。

表 4-4　旋转后的总解释方差

成分	初始特征值			提取平方和载入			旋转平方和载入		
	合计	方差/%	累积/%	合计	方差/%	累积/%	合计	方差/%	累积/%
1	9.287	54.629	54.629	9.287	54.629	54.629	4.085	24.027	24.027
2	1.837	10.804	65.433	1.837	10.804	65.433	3.544	20.845	44.873
3	0.987	5.806	71.239	0.987	5.806	71.239	3.293	19.368	64.240
4	0.925	5.439	76.679	0.925	5.439	76.679	1.668	9.813	74.053
5	0.735	4.322	81.000	0.735	4.322	81.000	1.181	6.947	81.000
6	0.569	3.345	84.345						
7	0.437	2.570	86.916						
8	0.381	2.240	89.156						
9	0.324	1.909	91.065						
10	0.296	1.739	92.804						
11	0.243	1.430	94.234						
12	0.228	1.344	95.578						
13	0.212	1.248	96.825						
14	0.169	0.993	97.818						
15	0.141	0.829	98.647						
16	0.131	0.768	99.415						
17	0.100	0.585	100.000						

注：提取方法为主成分分析。表中数值为软件设置保留小数后 3 位(四舍五入)。

从表 4-5 可以看出：17 个变量中第 4、第 5、第 6、第 13、第 14 个需求变量在第 1 因子上的载荷较大，在其他两个因子上的载荷较小，且差异性明显，根据这 5 个需求变量的测量内容，可以将第 1 因子命名为"情感认同"。同理，将第 2～5 个因子分别命名为：阅读环境、认知技能、协同支持、理念增强。因此，研究认为"情感认同""阅读环境""认知技能""协同支持""理念增强"这 5 个维度能有效地反映出阅读需求原始变量的数据结构和关系，能对阅读需求进行有效的解释与阐述。

表 4-5　旋转成分矩阵

变量	因子				
	情感认同	阅读环境	认知技能	协同支持	理念增强
强化阅读的价值 X1					0.781
激发阅读的兴趣 X2					0.869
提供合适的、个性化的阅读资源 X7				0.513	
提供专业化阅读指导与支持 X8				0.579	
扩展阅读渠道 X3			0.568		
扩展用户阅读的知识领域 X15			0.861		
扩展用户阅读的思维广度与深度 X16			0.760		
提升用户对信息获取、加工、创造的能力 X17			0.858		
体会阅读的情怀 X4	0.853				
抒发阅读的感悟 X5	0.867				
理解活动整体及个人阅读状况 X6	0.662				
增强用户对阅读活动关系的划定、维系等归属感 X13	0.612				
增强用户阅读间的点赞、激励等阅读成就感 X14	0.742				
搭建阅读交流的平台 X9		0.599			
给予用户阅读成果展示的机会 X10		0.769			
提供用户相互间合作阅读的机会 X11		0.824			
提供用户相互评价、反馈的机会 X12		0.766			

注：旋转方法为具有 Kaiser 标准化的正交旋转法(略去小于 0.5 的值)。

4. 用户与推广人员的理解缺口

分别计算用户与推广人员在 5 个需求维度上的重要性平均分值，并开展对比，得出双方对"阅读需求重要性"的理解差距图，如图 4-1 所示。从图 4-1 中可知：双方对 "阅读环境"重要性的理解趋于一致，但"理念增强""协同支持""认知技能""情感认同" 4 个维度的重要性存在理解认知差距，这表明推广人员尚未能真正理解到用户的阅读需求。

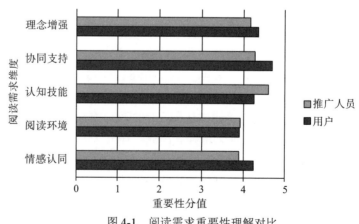

图 4-1　阅读需求重要性理解对比

在具有重要性差距缺口的 4 个维度中，推广人员认为"认知技能"的重要性显著高于用户本身对其重要性的理解，产生这种差距的原因可能在于：推广人员站在推广活动整体的立场，按照自身的选择性偏好，以用户的受益情况与发展程度作为判断阅读需求的标准，更多考虑阅读活动对用户知识、技能方面的培养，但用户本身对此维度的需求却未能达到推广人员判定的那样强烈，差距由此产生。推广人员对用户在"理念增强"、"协同支持"与"情感认同"方面需求重要性的理解则明显偏低。"理念增强"与"情感认同"维度缺口产生的原因则可能在于：推广人员在了解用户阅读需求的过程中，询问、倾听、观察的力度不够，没能深入理解到用户隐藏、潜在的需求；双方存在需求信息的不对称和信息传递过程中的失真，使推广人员未能全面理解用户真实意愿。"协同支持"维度缺口产生的原因则可能在于：用户在阅读动机、阅读偏好、阅读方式、阅读能力与投入程度方面都存在异质性，且用户的阅读需求总处于动态变化的过程，推广人员开展的需求分析没能足够体现出用户需求的差异与动态的变化。

4.1.3　研究结论

基于用户满意度受用户需求期望与用户体验质量的影响等相关理论，关注用户，正确理解和满足用户的阅读需求，对阅读推广服务的持续发展至关重要。本节研究分别从用户与推广人员的视角出发，对比研究双方对需求重要性的理解，得出以下结论：

(1)用户需求的"重要性"与用户满意度有显著相关关系。这表明：客观全面地分析用户需求的"重要性"有着十分重要的理论与现实意义，是增强用户满意度、提升阅读推广服务质量的有效途径。

(2)基于因子分析法甄别出用户阅读需求的 5 个维度分别为"情感认同""阅读环境""认知技能""协同支持""理念增强"，可通过这 5 个维度开展需求重要性分值定量分析。通过数值对比，证明推广人员与用户在阅读需求的"理念增强""协同支持""情感认同""认知技能" 4 个维度的重要性存在较大的"理解缺口"，这表明：推广人员与用户双方就需求的重要性存在较大的认知差异，推广人员并未能正确识别用户真实的阅读需求。

4.1.4　讨论

推广人员应努力缩小与用户关于需求重要性的认知差距，在充分了解和尊重用户的阅读需求的基础上，传递正确、严谨的需求信息，降低推广决策过程中的风险，使推广决策更加有的放矢，从而极大增强用户感知的收获水平，提升用户满意度。缩小双方的认知差距，其有效途径包括以下几方面。

1. 促进阅读社会需要与个人需求的融合统一

诚然，以用户的阅读需求为导向，快速、精确地洞见并响应用户需求是提升推广服务效能的关键因素。但随着互联网带来的阅读便利，一些低俗、暴力、血腥、迷信的书籍也大量发行，对人们树立正确的价值观带来了剧烈的冲击，因此，满足用户需求的真正内涵在于满足用户正当的、理性的阅读需求，而非没有原则地一味迎合、顺从不合理的要求。用户本身社会阅历、认知水平、发展意识的不同决定了不是所有的用户都能正确认识到阅读推广活动的价值观。因此，推广人员在开展阅读推广活动时，要清楚地向用户传递出社会及其变革与发展对用户的要求与期望，积极引领用户了解在阅读活动中获取什么样的知识、技能、情感、态度才符合社会的价值期望。引导用户认同社会阅读期望的同时，用户可意识到自己与社会期望的差距，从而具备主动改善阅读现状的愿望，愿意在参与阅读推广活动时，将自身的阅读需求与社会需求融合起来，从而形成长久、稳定的阅读动机，不断向着一种更高层次的阅读境界迈进。

在开展阅读推广服务的同时，推广人员必须遵循社会对用户的需求，仔细筛选与过滤，提供符合社会主义主流价值体系的推广服务，为用户的思想动机、行为规范和人生态度做出正确、积极的影响。鼓励用户就阅读的思想精髓开展相互交流与分享，一方面使阅读的核心价值在交流分享的过程中，具体形象起来，让用户更深刻地了解阅读的现实内涵及对自身的价值意义。另一方面，使用户在阅读的交流过程中，增强辨别力、洞察力，面对纷繁复杂、良莠不齐的阅读作品，能更加自觉地、更加清醒地选择阅读内容，尽可能减少需求的功利性、娱乐性、浅薄性等负面倾向，突出阅读在开阔视野、培养技能方面的正向积极作用，从而减少理解缺口的差距，真正实现正确的阅读价值观融于心、践于行。

2. 全面科学地开展用户阅读需求分析

推广人员应充分深入调研，明确不同用户的真实阅读期望与现状，在掌握两者存在的差距基础上，准确分析出用户需求。

开展用户前端需求分析。通过问卷调查、深度访谈等方式直接了解用户需求，通过对搜集到的资料进行综合、比较，能为推广人员归纳出周密且系统的需求报告；也可对用户前期的阅读历史行为数据进行挖掘，利用智慧算法，观测用户阅读行为规律与趋势，间接洞察出用户隐藏的、潜在的阅读需求，足够的用户特征数据及详细准确的分析，能使推广人员做到"比用户更了解自己"，从而根据用户的阅读特征开展精准性、多样性和差异性的阅读服务，有效匹配不同的阅读需求。

关注推广过程中用户需求的动态变化。由于阅读推广环境的复杂性与用户本身阅读的不确定性，用户的需求并非一成不变，这要求推广人员及时掌握用户需求的变更，并采取适当的处理方法。推广人员可积极开展用户关系管理，在推广过程中，不断地拓展、维系、深入与用户之间的关联关系，从而实时掌握用户阅读态势，不断修正用户阅读的动态需求，促使用户变化的需求与推广决策支持系统有效关联，从而能及时选用、补充新的阅读资源，并配合差异化的阅读支持策略，提升对推广过程的敏捷反应能力。

重视需求满意度的测评。推广服务结束后，通过对用户满意度的测评，判断服务过程中对用户需求认识不准确的地方，进而开展用户需求的重新定位或部分修正，在不断的反馈与修正过程中，逐步实现对用户需求全面、科学与系统的分析。

3. 提倡用户全面参与推广服务的策划与实施

用户直接参与阅读推广服务过程，有利于在策划与实施阶段，从用户的视角获取精准的服务需求，从而快速调整服务策略，保证与需求匹配的服务，高效满足多样化的阅读需求。

鼓励用户在阅读推广过程中不断与推广人员进行"事前准备""建立联系""信息交换""行为干涉"等参与活动（Kelloggd et al.，2013），使用户通过"推广决策者"与"活动参与者"的双重心理体验，一方面，深度了解服务宗旨与内容，强化服务的感知价值，深刻地领悟阅读的社会需求与自身需求的辩证统一关系，产生更高层次的阅读期望，进而通过具体的推广决策行为与阅读行为，在满足自身深层次的、个性化的阅读需求的基础上，通过阅读同伴效应，积极促进更多用户需求的提出，有效实现阅读对用户个体自我发展、自我实现、自我创造的真正意义。另一方面，用户参与服务能与推广人员形成优势互补，在阅读需求的前端分析中，能更准确、清晰地代表广大群体表达出阅读内在需求，有效减少需求界定的片面性与模糊性，使推广需求的分析更高效，促进推广人员对推广的对象、目标、任务、情境实现更深入的理解，进而对用户需求做出合理的预判和尽可能贴近现实的推广决策。在阅读推广的过程中，用户参与推广实施，更能快速地打破围绕在推广人员与用户之间的藩篱，实时、完整反馈用户群体的需求变化及用户需求的差异性，从而帮助推广人员在推广过程中因势利导，创设个性化的推广环境，设置差异化的阅读服务活动，满足分众化的阅读需求，实现对用户"协同支持"的客观要求。

4.2　用户互动对阅读满意度的影响研究

阅读推广作为一个重要的阅读知识推送与阅读环境建构的服务平台，承担着为用户筛选或定制相关阅读资源，并通过不同的策略保障用户对资源的有效获取、交流、融合、创新与应用的重要任务。然而，随着阅读推广服务的不断深入实施，用户参与意愿不强、阅读体验偏低、满意度不高等问题纷纷呈现出来，极大地影响了推广的有效性。从前文分析可知，推广因素在很大程度上影响着用户阅读满意度。但另一方面，用户本身的参与行为也同时影响着其阅读的感知程度。

在阅读推广过程中，用户开展阅读互动，能调动用户本身的自主性，在阅读互动中发现问题、研究问题，激发了用户求知欲与创新欲，培养了用户的阅读习惯与阅读能力，使用户在获取成功的体验中快乐地阅读，从而产生推广共振。与此同时，阅读互动构建了一种推广情感环境，它能通过用户之间的阅读交互过程，促进阅读情感的交流与沟通，形成一个动态的、发展的、和谐的人际影响，使用户感受到相互间的尊重与信任，从而创设出相互联系、相互促进的阅读心理环境。

交互，是指两人或两人以上通过语言、符号和非口语等沟通方式，彼此影响而改变行为的历程（王陆，2008）。社会学领域的大量研究证明：在社会活动中，个体成员会对与他人的交互刺激作出反应(Becherg，1988)，改变个人行为与观点(Bales，1999)，并由此对活动的绩效产生影响(Grove and Fisk，1997)。因此，阅读推广是一种微观社会活动。伴随用户在阅读过程中不断地与他人开展阅读交互，用户自身的阅读认知、思维、情感、决策也会发生相应的变化。本节将讨论用户阅读交互这一特殊行为模式在阅读推广服务中对用户满意度的影响，探索用户间复杂阅读交互行为与用户心理活动特征的内部联系，由表及里揭示阅读交互对用户阅读体验的影响规律，有利于推广人员在开展阅读推广的过程中，对推广环境状态进行科学的分析和预测，继而制订切实可行的推广方案与策略，高效实现推广目标，为增强用户阅读满意度、提升推广服务质量与服务效益提供科学合理的依据。

4.2.1 研究假设与理论框架

1. 用户交互对参与度的影响

社会性交互，指社会上个人与个人、个人与群体、群体与群体之间通过信息的传播而发生的互相依赖性的社会交往活动。研究认为：人在与他人开展交往的过程中，其心理会受到他人的影响，并根据影响的程度而发生模仿、从众、交换、合作、竞争、顺应等行为。Hardy 等(2003)提出：在成员的交互中，合作的嵌入性与参与性有着相互的影响，合作成员之间较深的交互作用带来合作中的高参与度。Martin 等(2006)采用定性研究方法，论证了成员间的有效沟通交流是群体有效组织的影响因素之一。Blau 和 Barak(2012)通过研究指出网络环境中人际间的交互能够促进更高层次的参与，这包括参与率、参与质量与参与连贯性。Parker 和 Ward(2000)在分析顾客在顾客间互动中所扮演的角色时，发现顾客与同一服务环境中的其他顾客进行正面或负面的互动将会决定其再次惠顾的意愿。基于此，研究提出如下假设。

假设 1：阅读用户交互对用户参与度的正向直接效应显著。

2. 用户交互对信任关系的影响

社会认知学认为：人们的学习和长期发展涉及环境、个人、行为等三个基础变量之间的交互作用。环境中的交互行为会影响用户相互间的自信心、吸引力与其认知结构。信任是一个多维度的概念，既有认知因素又有感情因素。有研究表明，人际间积极的交互关系能形成彼此间的高度信任。在信息交互的过程中，开展交流，一方面，能促进相互间密切关系的不断增强，有利于满足用户情感的需求，提升内在驱动能力与行为反馈能力，实现相互间情感的不设防心理状态。另一方面，不断增强的交互行为，使人们相互间建立了对彼此知识、能力的信任判断，从而使信息通过交互网络快速传播，加速了信息的扩散、共享、应用与创造过程，也满足了人们的认知需求。在企业经营领域，台湾学者詹贞仪提出：员工与顾客之间良好的互动质量有助于降低顾客不确定性的疑惑，提高顾客对公司的信任，延续并提升关系质量。基于此，研究提出如下假设。

假设 2：用户交互对用户间建立信任关系有着正向直接效应。

3. 参与度对满意度的影响

参与是开展社会活动的重要前提，参与度高的人具有正面积极的情绪与持续的内在动机，因而投入的时间越多，开展的程度就越深，获取的成就也就越显著，其个体感知满意度也就越高。部分研究关注了参与度与满意度的关系。Johnson 等(2016)研究了学生的参与度与学习满意度之间的关系，研究认为，学生参与的程度与学生的参与期望、努力程度、人际关系、有效的学习实践呈正向相关，因此，积极的师生关系、优质的支持服务与良好的教学实践在提升学生参与度的同时，也提高了学生的满意度。Holland(1996)认为通过职业的参与，学生积累经验，增加对自身与世界的理解，了解他们适合的工作和特定的任务与环境，有利于做出令自身满意的决定。陈小平(2012)对员工参与与工作满意度、员工绩效之间的关系进行了验证，指出了员工参与对工作满意度和员工绩效都有积极效果。基于此，研究提出如下假设。

假设 3：阅读参与度对用户满意度有着正向直接效应，并作为中介变量，对用户交互与用户满意度的影响起着调节作用。

4. 信任关系对满意度的影响

由于人际信任的经验是个人价值观、态度、心情及情绪、个人魅力交互作用的结果，是一种心理状态，因此，它与满意度有着密切的关系。Smith 与 Barclay(1997)认为，信任行为对感知任务绩效及人际的相互满意度有着直接与间接的影响。宁本涛(2015)对湖北省的中小学校校长关于该省学校教育督导的校长满意度现状的调查发现，校长满意度不高的主要原因是学校主体性缺失引发的学校督导制度失调，根源在于双方信任关系的缺失。Brashear 等(2003)研究发现：人际间信任与共同价值观和相互尊重密切相关，在实证研究中，信任直接影响到工作满意度和相互关系，并间接影响到组织承诺和离职倾向。Matzler 与 Renzl(2006)通过利用最小二乘结构方程模型论证了人际信任与员工满意度、员工忠诚度之间的结构关系。范秀成和刘建华(2004)提出当顾客与服务提供者之间存在信任关系时，这种信任感会减轻服务失败的负面影响，减轻顾客不满意程度。基于此，研究提出如下假设。

假设 4：阅读用户相互信任对用户满意度有着正向直接效应，并作为中介变量，对用户交互与用户满意度的影响起着调节作用。

5. 用户交互对满意度的影响

人与人的交互，将是人与人之间影响力的传导，人在受到别人影响的同时，也反过来影响他人。彼此交互的持续演进，将会在某一方面形成强烈的共同性，并就同一事件产生趋同心理与行为，因此，行为的深入影响到彼此情感交织，是一种情感的传播，也最终导致价值判断结果发生改变。韩经纶和韦福祥(2001)认为，在企业市场中，优质服务最重要的是在服务过程中与顾客建立起长期的互动关系，从而使顾客感到满意，甚至是愉悦。Brogowicz 等(1989)指出，交互过程质量类似于激励因素，它的改进对提高顾客满意度效果显著。基于此，研究提出如下假设。

假设 5：阅读交互对用户阅读满意度有着正向显著影响。

基于以上理论分析和研究假设构建了用户阅读交互与阅读满意度的影响模型，即研究的框架，如图 4-2 所示。

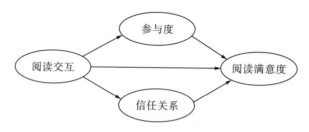

图 4-2 交互行为研究理论假设框架

依据研究假设图，方程模型为

$$\begin{cases} \eta_1 = \gamma_{11}\xi_1 + \zeta_1 \\ \eta_2 = \gamma_{21}\xi_1 + \zeta_2 \\ \eta_3 = \gamma_{31}\xi_1 + \beta_{31}\eta_1 + \beta_{32}\eta_2 + \zeta_3 \end{cases}$$

其矩阵形式为

$$\begin{bmatrix} \eta_1 \\ \eta_2 \\ \eta_3 \end{bmatrix} = \begin{bmatrix} 0 & 0 & 0 \\ 0 & 0 & 0 \\ \beta_{31} & \beta_{32} & 0 \end{bmatrix} \begin{bmatrix} \eta_1 \\ \eta_2 \\ \eta_3 \end{bmatrix} + \begin{bmatrix} \gamma_{11} \\ \gamma_{21} \\ \gamma_{31} \end{bmatrix} \xi_1 + \begin{bmatrix} \zeta_1 \\ \zeta_2 \\ \zeta_3 \end{bmatrix}$$

式中，ξ 表示外生变量，ξ_1 为阅读交互；η 表示内生变量，η_1 为参与度，η_2 为信任关系，η_3 为阅读满意度；γ 表示外生变量与内生变量之间的路径系数；β 表示内生变量与内生变量之间的路径系数；ζ 是内生变量的随机干扰项。

4.2.2　研究设计

1. 研究方法

结构方程模型是一种对观察变量与潜在变量关系进行理论模型假设检验的统计手段，它通过建立、估计和检验变量间的因果关系，清晰分析变量对总体的作用及变量之间的相互关系，是多元数据分析的重要工具。本节研究在提出假设模型的基础上，通过访谈与问卷收集用户阅读交互、用户阅读满意度的相关数据，采用 SPSS 16.0 软件对问卷进行信、效度检验后，利用 AMOS 17.0 软件对结构方程模型进行验证，确定相互间阅读交互、阅读参与度、信任关系及用户阅读满意度之间的影响路径与影响系数，最终得到一个最合理、与客观事实相符的用户阅读交互与用户阅读满意度模型。其后，就具体的阅读交互行为与不同的阅读满意度维度进行相关分析，论证用户不同维度的阅读满意度提升的途径。

2. 研究对象

本节研究对象是成都市部分高校大学生及部分社区普通市民。所有研究对象均在近两年内深度参与过相关阅读推广活动，并在接受阅读服务过程中，与其他用户有一定程度的阅读交互行为产生。

3. 测量变量的确定

研究参考了已有的文献，并结合用户访谈，明确了测量变量的各项指标，采用李克特五级量表（Likert scale），对每个指标开展度量赋值。

（1）交互行为。对于交互行为这一变量，参考 Morrow 与 Smith（1990）定义的阅读交互九大行为，以及 Paris 与 Paris（2003）对阅读交互的分类与认定，按用户涉及交互的程度与方式将交互行为分为分享、讨论、合作、评价四个维度，并对每一维度细化其测量指标。

（2）信任关系。对于用户间的信任关系，参考 Mcallister（1995）及 Holste 和 Fields（2010）对信任关系从情感和认知两个维度的划分，从信任他人能力与善意指标进行测量。

（3）参与度。对参与度的测量，具体参照侯国林和黄震方（2010）等对参与度的界定，从参与广度与深度两个维度进行测量。

（4）满意度。满意度是一种个体心理状态，研究参考了 Pavot 与 Diener（1993）的生活满意度量表（satisfaction with life scale，SWLS）及 Locke（1976）对工作满意度的四维度测量模型，将阅读满意度分为认知满意度、意向满意度与情感满意度三个维度开展测量。

变量指标初步确立后，开展问卷设计。将设计的问卷在笔者所在高校的 30 名大学生中进行预调查，根据反馈意见与建议，修改与调整测量指标，形成正式问卷。正式问卷包括：对没有参与过阅读交互行为的人群进行筛选的题项；受访者信息，包括性别、年龄等相关个体因素情况；交互行为的 12 项测量指标，信任关系与参与度各 3 项测量指标，满意度 9 项测量指标，共计 27 个题项。

4. 问卷发放与回收

正式调查是在四川省两所高校及成都市六个人口密集的社区随机分发问卷，共回收问卷 909 份。通过对问卷中的筛选题项进行分析，得出有效问卷为 492 份，有效回收率为54.12%。具体样本概况见表 4-6。

表 4-6　样本概况

样本变量	分类	数量/人	百分比/%
性别	男性	196	39.8
	女性	296	60.2
年龄	18 岁以下	40	8.1
	18～35 岁	296	60.2
	36～60 岁	123	25.0
	60 岁以上	33	6.7
学历	高中及以下	63	12.8
	大学	357	72.6
	研究生及以上	72	14.6

4.2.3　数据分析

1. 信、效度分析

运用探索性因子分析方法，对量表开展信、效度检验。从表 4-7 可知，各项变量的 Cronbach's α 均大于 0.7，符合 α 系数最低可接受标准，故量表具有较高的可信度。采用主成分分析法和方差极大法旋转，得出变量各题项的因子载荷均在 0.6 以上，表明量表具有较好的结构效度。

表 4-7　量表结构及信、效度分析

变量	维度	量表题项	因子载荷	可信度 α
阅读交互	分享	开展阅读时，对阅读信息的发布	0.767	0.779
		开展阅读时，对阅读观点的阐述		0.857
		开展阅读时，对阅读资源的交换		0.841
	讨论	对阅读观点或内容进行推理或解释	0.787	0.860
		对阅读观点或内容进行总结		0.870
		对阅读观点或内容进行质疑或反思		0.782
	合作	与他人就同一阅读问题形成解决方案	0.850	0.873
		与他人就同一阅读问题创建共同作品		0.907
		与他人协同完成阅读任务		0.853
	评价	对他人的阅读进行肯定、赞同	0.771	0.778
		对他人的阅读进行具体的描述性点评		0.841
		对他人的阅读给予客观、中肯的建议		0.863
参与度		开展阅读的次数	0.885	0.874
		开展阅读的积极性		0.920
		开展阅读的持久性		0.910
信任关系		彼此间的阅读帮助	0.871	0.880
		彼此间的阅读督促		0.881
		彼此间的阅读建议		0.914
满意度	认知满意	获取了新的知识	0.848	0.767
		加深了对知识的理解		0.880
		对知识进行了创新		0.853
		对知识进行了应用		0.817
	情感满意	在阅读中感受到他人的尊重	0.872	0.863
		在阅读中感受到归属感		0.907
		在阅读中感受到轻松、愉快		0.907
	意向满意	持续参与阅读	0.804	0.915
		口碑宣传行为		0.915

2. 模型适配度评价

研究采用验证性因子分析的方法，对结构方程模型的适配度进行检验。结构方程模型的适配度指标(goodness-of-fit index，GFI)是评价假设路径分析模型与当前数据是否相互匹配的标准。卡方值 X^2 和自由度 df 的比值是模型适配度的指标之一，通常两者比值越小，模型适配越佳，一般而言，该值小于 2 时，假设模型的适配度较理想。GFI 为拟合优度指数，AGFI 为调整拟合优度指数，这两个数值分别大于 0.90 是模型适配理想的标准。RFI 为相对适配指数，NFI 为协作单位适配指数，TLI 为规准适配指数，这三个数值均要求在 0.90 以上。RMSEA 值为渐近残差均方和平方根，其值在小于 0.05 时，模型适配良好(吴明隆，2009)。将数据导入 AMOS 17.0 软件中，得出相关适配度指标，如表 4-8 所示。

从表 4-8 所示的结构方程模型适配度评价标准可以看出：预设模型卡方值 X^2 为 170.086，自由度 df 为 93，两者比值为 1.83；显著水平 P 值为 0.12，大于 0.05，卡方检验通过；GFI、AGFI、RFI、NPI、TLI 值均大于 0.90，且 RMSEA 值小于 0.05，说明模型与样本数据适配良好，模型检验通过。

表 4-8　结构方程模型适配度检验

参数	X^2	df	P	GFI	AGFI	RFI	NFI	TLI	RMSEA
取值	170.086	93	0.12	0.972	0.939	0.962	0.933	0.947	0.034

3. 路径分析与假设检验

通过计算，路径分析与假设检验结果如表 4-9 所示。

表 4-9　阅读交互对满意度影响的假设检验

路径关系	路径系数	标准误差	临界比	P	假设检验
参与度←阅读交互	0.617	0.010	17.203	***	得以验证
信任关系←阅读交互	0.537	0.001	13.995	***	得以验证
阅读满意度←参与度	0.120	0.016	2.790	0.005	得以验证
阅读满意度←信任关系	0.529	0.102	13.240	***	得以验证
阅读满意度←阅读交互	0.272	0.027	7.250	***	得以验证

注：***$P<0.001$。

从表 4-9 中可知，5 项假设其路径的 P 值均达到了 0.005 的显著水平，说明假设得到了验证，它们之间存在正向影响关系。将路径系数代入预设模型，其结构化的方程模型如图 4-3 所示。

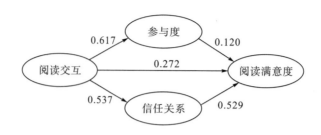

图 4-3　标准化结构方程模型

其修正后的方程模型为

$$\begin{cases} \eta_1 = 0.62\xi_1 + \zeta_1 \\ \eta_2 = 0.54\xi_1 + \zeta_2 \\ \eta_3 = 0.27\xi_1 + 0.12\eta_1 + 0.53\eta_2 + \zeta_3 \end{cases}$$

从图 4-3 可以看出：阅读交互对参与度、信任关系、满意度均有着正向影响，参与度与信任关系作为中介变量，也对满意度起着作用。对比路径系数，在影响满意度的三条路径中，信任关系对满意度的影响系数最大，可知：信任关系作为中介变量，对交互过程中满意度的影响效应最强。

4. 多维交互与满意度的相关性

为了进一步了解不同阅读交互行为对满意度的相关影响，研究将不同的交互行为与满意度的各项维度进行了两两相关分析（表 4-10）。

表 4-10　不同交互行为与满意度相关系数

	认知满意度	情感满意度	意向满意度
分享	0.533**	0.513**	0.531**
讨论	0.515**	0.423**	0.416**
合作	0.540**	0.325**	0.386**
评价	0.421**	0.489**	0.416**

注：**在 0.1 水平上显著相关。

从表 4-10 可以看出，阅读交互的四个行为均与满意度的三个维度相关，且相关性都显著。认知满意度与分享、合作两行为的相关性较强，情感满意度与分享、评价两行为的相关性较强，意向满意度与分享的相关性最强。

4.2.4　研究结论

通过结构方程及相关性分析，验证了阅读交互行为与满意度之间的影响关系。研究结果表明：

（1）阅读交互行为对用户阅读满意度有着正向直接影响。

（2）阅读交互行为通过用户参与、信任关系对用户满意度产生间接影响，其中，信任关系的中介作用更强。

（3）在阅读交互的具体行为中：分享和合作与认知满意度相关性较强，分享和评价与情感满意度的相关性较强，分享与意向满意度的相关性最强。

4.2.5　讨论

用户阅读交互对用户阅读满意度具有影响，这一结果验证了开展用户阅读交互在阅读推广服务过程中的重要作用，也为阅读推广服务在开展过程中对用户满意度的提升扩展了策略与渠道。

1. 阅读交互过程中信任关系的有效建立

路径模型证明：阅读交互通过信任关系这一中介变量能有效提升用户阅读满意度。因此，在开展阅读交互时，应优先考虑通过增强交互过程中用户间的信任关系来增强用户阅读满意度。

信任关系的两大基础是能力与品格。首先，鼓励用户自主搭建阅读小组，以群组的形式开展阅读活动，用户与较为固定成员开展交流，进而相互熟悉，并随着结识时间的推移，深入了解彼此的能力，为建立相互间的信任关系奠定基础。在组建阅读小组的前期，推广人员应通过挖掘用户的相关个人阅读背景、阅读偏好、阅读能力、阅读动机等系列数据，尽可能对每一位参与阅读的用户进行特征分析，从而对用户做出聚类，将具有相同阅读共性的用户分组在同一聚集里，组建人员较为固定的阅读群组。推广人员应组织小组成员就个人自我阅读的背景与经历开展分享，一方面能快速打破相互间陌生的尴尬局面，另一方面，通过个人的分享，能让其他成员了解到与其开展阅读交互的优势所在，认同与其交互的过程，从而激励其他成员选择与之开展初步沟通的心理，建立起交互通道，为后续共同解决问题，在阅读交互中高效满足需求打下基础。

其次，在用户深入开展阅读交流、合作的交互环节中，推广人员应注重交互内容的适合性，利用交互的内容开启相互间的互动入口，拉近彼此之间的关系，缩小彼此之间的距离，帮助形成更坚固的感情基础，建立更紧密的相互交织的强联系，通过附带情感的阅读交互与协作支持，使得正向的阅读情感得以相互传导。推广人员还应细心观察用户的交互情绪变化，主动引导他们的交互情绪向着积极方向发展，并利用情绪对阅读行为的影响作用，协调用户与各方面的人际关系，创造良好的互动气氛，消除交互障碍，达成阅读交互的最佳境界，从而使用户间形成相互支持、相互信任的阅读情感，增强阅读的成就感与满意度。

2. 阅读交互过程中用户的深刻参与与投入

参与度作为另一中介变量，在阅读交互过程中，也具有提升用户阅读满意度的作用。因此，在组织开展阅读交互的过程中，推广人员还应努力通过组织用户开展不同形式的交互，构建起开放、扁平的阅读交互格局，促进用户从阅读的外在观察者转变为内在的参与者，增强其对阅读交互的认同感，实现用户深刻参与与深度卷入，进而提升阅读满意度。

首先，在阅读推广过程中，推广人员应对用户关系开展有效管理。通过与用户建立起基于阅读分享、支持、合作的关系基础，实时掌握用户的详细需求，进而根据用户的阅读特征，组织用户相互间开展具有切合性的阅读交互活动，使用户充分意识到参与推广活动具有满足其阅读需求、提升其阅读能力的作用，在情感上相信、认同推广活动。

其次，按阅读的内容与组织的形式，引导用户开展合理、深入的阅读交互。鼓励用户间补充相关的阅读资源，支持扩展性、多元化阅读，并组织用户就阅读资源的不同知识点，开展持久而深入的讨论与合作，通过对阅读知识开展联系、质疑、争鸣、分析、运用，使零乱、繁杂的不同知识点之间建立起多重相互联系，并利用信息图的方式，呈现出条理化、系统化的知识结构体系，帮助用户打破单一的思维方式，全方位、深入化地了解、学习、思考阅读资源，做出有效框架指引，促进用户清晰、全面地掌握阅读知识，培养阅读品质，提升阅读成就感，增强阅读的满意度与阅读动机。利用多元化的阅读成果展示与互评，为用户相互分享与评价搭建平台。组织用户开展静态的阅读报告、阅读反思日记或动态的阅读演讲、成果竞赛等成果展示，使用户充分了解他人的阅读动向与收获感悟，在思考与欣赏别人的成果中，强化阅读认知、体验与思维，渗透、启发、影响、激励自身的阅读行为。在评价的过程中，鼓励用户尽可能使用正向、肯定的评语开展阅读互评，这会为用户带来精神上的满足，并由此产生更大的阅读内动力，支撑深度、持久参与的动机，与此同时，有效的阅读互评也能提升用户的鉴别能力、分析能力、表达能力，提升对自身阅读的成功预期和感知价值，从而正向影响自身阅读行为和实践，获取更加丰富而满意的阅读体验。

最后，阅读的互动关系具有复杂性与不对称性，推广人员还应考虑在组织用户开展交互的同时，对交互的边缘用户预设参与活动的角色，为其创设更多交互的机会和环境，促进用户更有意义的阅读，使边缘用户意识到个人在阅读交互活动过程中的真正价值，提升交互投入程度。鼓励开展交互的核心人员与其建立长期的、重复的阅读交往活动，巩固彼此之间的联系，从而将用户有效凝聚起来，形成一个强大的相互作用、相互影响的阅读磁场，使阅读信息与情感通过交互实现多向流动与反馈。

3. 区分阅读推广的资源，精细化组织阅读交互

阅读交互对增强阅读满意度有一定的直接效应。但面对不同用户多样化、个性化的阅读需求，则必须细分用户群体与阅读资源，按不同的阅读推广目标，组织适当的、侧重点不同的阅读交互与引导，进而提升用户的感知价值，有效增强阅读满意度。

开展大众、普及性阅读时，其对知识认知要求较低，但对阅读情感体验的要求较高，因此，组织开展阅读的分享与评价，应力求通过对阅读反思、领悟的分享与评论，使阅读情绪相互感染，从而建立起阅读的精神文化，影响全体参与用户，使阅读用户在相互的交流过程中，获取积极正向的满足情感，增强内在阅读动力，调动心理机能，深度投入阅读。在开展专业性、认知性的阅读推广时，推广人员应聚焦在实现过程分析、问题解决、综合判断、知识获取与思维启发等层面上，围绕用户的专业需求，支持相互间、深度性的探讨

与合作，并利用互联网环境建构更为丰富的交互途径，为用户阅读的知识共享与高效获取奠定基础，使用户明确感知阅读对学习认知的作用，认可阅读的价值。若推广的目的在于培养用户持续、深度的阅读行为，则采用的方法应为与分享相关的交互活动，使用户在提升满意度的同时，逐步修正自身的阅读行为，并最终形成阅读的良性循环，建立起自主性阅读习惯。

4.3　用户协同参与对阅读满意度的影响研究

2012 年，国际图书馆协会联合会在发布的调研报告中指出：阅读推广活动已成为影响图书馆未来发展的新指标之一。伴随着阅读推广实践的不断深入与推进，阅读推广活动的策划与实施已不能仅依靠图书馆，它急需跨领域、跨组织的分享、合作、联盟与创新。《关于开展 2016 年全民阅读工作的通知》中明文提出：鼓励和支持公务员、教师、新闻出版工作者、大学生等志愿者加入阅读推广人队伍，逐步增加为全民阅读服务的资源总量，提高服务效能。毋庸置疑，志愿者的加入，将成为“推广支持”最重要的力量，并逐渐成为阅读推广队伍中不可或缺的组成部分。但当前，由于阅读推广志愿工作的公益性、无偿性特征，许多推广组织都面临着招募志愿者的实际困难。如何招募合格的志愿者，充分挖掘其推广的潜力，激发其参与推广的活力与效率，推动推广服务的深化发展成为亟待解决的重要问题。

与此同时，随着科技的进步，阅读用户需求的多样化及推广服务日益分层化、复杂化，部分阅读用户越来越不满足于阅读服务的被动推广，其自主意识增强，希望通过参与推广服务行为及完成服务的相关任务，获得一种挑战的体验，满足其对自我表达和独特性的需求，以获得更大的阅读成就感(Zhou and Tian，2010)。

在推广服务中将部分具备推广能力与相关知识的用户从纯粹接受阅读服务的被动角色转变为参与推广服务的隐形“志愿者”角色，有利于解决推广人手不足的问题，发挥其“推广支持”的重要作用。用户不同程度地介入推广服务过程，为促进推广组织正确理解用户需求，科学制订推广决策，高效传递服务内容提供了实践途径。另一方面，用户参与推广服务更为重要的是用户在不断的服务参与过程中修正自己的阅读期望，更新阅读理念，提升对服务的认知与认可，可以增强用户的阅读体验。因此，用户参与作为一种有效的推广途径引入到阅读服务实践工作中，已逐步得到了阅读推广界及社会大众的高度关注与认可。

用户参与协同服务无疑增加了阅读推广实践的复杂性，在推广实践中，它是否能有效增强用户的阅读体验，是否能对阅读推广活动的质量与绩效起到积极的影响作用都需开展实践论证。用户满意度能有效量化用户的真实体验，是服务质量与绩效评估中最核心、最重要的指标之一。从用户满意的视角对阅读推广活动中的用户参与协同推广服务开展研究，有利于厘清用户参与与用户满意度的关联路径与互动规律，揭示用户参与对推广活动产生的实际效应，明确用户参与阅读推广协同服务的科学途径，这能为提升用户满意度、实现合理高效的阅读推广提供建构性的理论依据与实践指导。

"用户参与"一词来源于管理营销领域中的"顾客参与"。Cermak 等(1994)提出：顾客参与是顾客在服务的生产和传递过程中，精神与物质方面的具体行为，这包括顾客的努力与投入程度。根据此定义，可以将"用户参与"阅读推广协同服务理解为用户在参与阅读推广活动中，不再仅扮演单一"接受服务"的角色，而是在作为推广服务"用户"的同时，参与推广中的"策划""咨询""介入""决策""实施"等环节，扮演"兼职"推广人员角色，与推广人员协同提供阅读服务。

用户参与有助于用户更加了解服务内容，强化感知控制和感知价值，并使用户更容易获得所期望的服务。因此，学术界对"用户参与"的研究层出不穷，用户参与与用户满意度的研究更是涉及各学科领域。研究内容大致可分为对二者关系的直接研究(Claycomb et al.,2001)以及用户参与通过中介变量对用户满意度的影响机制研究(Tait and Vessey，1988)。但大量实证性与探索性研究得出的结论却并不一致，尤其在用户参与与用户满意度是否存在正向影响这一结论上存在明显分歧，甚至是截然相反的论断。

绝大部分研究认为用户参与会导致用户满意。范钧(2011)构建了顾客参与与顾客满意度关系的理论模型，并以团队游为例，证明了顾客参与的人际互动和信息分享两个维度对顾客满意度有正向影响。另一部分研究认为用户参与会导致负面效应。Bendapudi 和Leone(2003)利用社会心理学对顾客参与服务时的自利偏好进行研究，研究指出：顾客参与时的满意度与自私理论一致，当服务结果比预期好时，参与服务生产的顾客满意度比没有参与的顾客满意度低；当服务结果比预期糟糕时，顾客参与的满意度与没有参与的顾客满意度一致。张辉等(2011)运用控制错觉理论解释了顾客参与过程中顾客满意度的问题，提出顾客参与后，结果会对顾客变得相对重要，因此，顾客的控制错觉水平也会提升，如果结果没有达到顾客预期，高控制错觉的顾客会更不满意。此外，还有少部分研究认为，用户参与和满意度的关系不明显，而是受到中介变量的影响。王莉与罗瑾琏(2012)提出，在高复杂度产品创新范畴，顾客参与和满意度之间并非呈现简单的线性关系，还受到一些因素的调节作用。不同研究结论的产生，主要由于不同的服务行业领域、服务性质、用户特征、参与形式、服务预期等造成。

由于用户参与与用户满意度是否有正向关联影响存在不确定因素，基于此，本小节通过设立用户参与与满意度结构方程模型和相关研究假设，并开展实证研究，论证变量之间的因果路径及影响系数，明确用户参与推广的各项维度是否具有增强用户情感体验、提升用户满意度的实际影响价值。在此基础上提出用户参与协同服务的改进策略，以期推进用户参与服务成效的提升。

4.3.1 研究假设与理论框架

1. 假设提出

用户参与阅读推广活动的方式与程度的差异性，会直接影响其对阅读推广满意度的感知效应。Silpakit 和 Fisk(1985)认为用户参与包括用户在生产服务中精神、智力、实体、情感等维度的投入。Youngdah 等(2003)认为用户参与的形式分别为事前准备、建立关系、信息交换及干涉行为。Bettencourt(1997)认为用户参与是依据顾客在服务中扮演的不同角色而表现出的三种自愿性行为：忠诚、合作和信息分享。Ennew 和 Binks(1999)将用户参与分为三个维度：信息分享、责任行为和人际互动。Lloyd(2003)认为用户参与分为三个维度，即付出努力、工作认知和搜集信息，这三个维度前两个属于行为导向，后一个属于信息导向。

为了清晰用户参与的不同形式对用户满意度的不同影响，本节借鉴以上学者对用户参与维度的划分，并结合阅读推广工作的具体实践情况，将"用户参与"划分为"信息分享""合作共建""人际互动"三个维度。Cachon 和 Fisher(2008)提出了在供应链库存管理中，使用共享信息策略比不使用共享信息策略对用户更具价值。Bagozzi(1995)提出人际和群体的交往分享对个体十分重要，它能影响顾客满意度，是关系营销的重要方面。Zeithaml 等(1996)认为用户愿意与企业或服务组织开展合作，提供有用的信息，使组织的服务质量提升，从而使用户更为满意。基于以上理论，结合阅读推广实践的服务特殊性，将"信息分享""合作共建""人际互动"这三个维度作为自变量与用户满意度建立假设：

H1：信息分享对用户满意度有显著正向影响。

H2：合作共建对用户满意度有显著正向影响。

H3：人际互动对用户满意度有显著正向影响。

用户忠诚既包括用户长期选择某种品牌产品或服务的行为，也包括用户对某种品牌的产品或服务具有较高的推荐率。顾客忠诚与顾客满意有着较为密切的关系。Bowen 和 Chen(2001)通过对酒店客人的调查，发现顾客满意度与顾客忠诚度之间的关系是非线性的。顾巍等(2004)认为顾客满意度是顾客期望价值与顾客感知价值的函数，当顾客满意度超过了一定的不敏感区后，二者表现出强相关关系。Taylor 和 Baker(1994)在通信、交通、娱乐和医疗保健业中考察了感知服务质量、顾客满意判断和购买意向三者的关系，并指出顾客满意在服务质量和购买意向之间起到了很好的调节作用，并且当满意度较高的时候，服务质量和购买意向之间存在着显著的正相关关系。由于用户满意度与用户后期相关行为有着密切关系，因此，本研究同时考察了用户满意度的变化对用户后期持续参与活动及对阅读活动口碑宣传的关联作用，其假设为：

H4：用户满意度对口碑宣传有着显著正向影响。

H5：用户满意度对持续参与有着显著正向影响。

2. 研究模型设定

研究采用结构方程模型进行建模，构建具有因果关系的研究模型，揭示各个潜变量与观测变量的关系。基于研究假设，设定用户参与对用户满意度及后期推广扩散与持续参与的影响概念模型(图 4-4)。其中，信息分享、合作共建、人际互动是用户满意度的预测变量，而用户满意度又为口碑宣传与持续参与的预测变量，它们分别由不同的测量变量测量，其因果关系通过单向箭头体现。

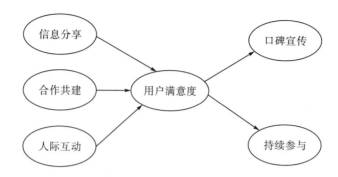

图 4-4 用户参与与用户满意度及后期行为假设模型

依据研究模型图，模型方程为

$$\begin{cases} \eta_1 = \gamma_{11}\xi_1 + \gamma_{12}\xi_2 + \gamma_{13}\xi_3 + \zeta_1 \\ \eta_2 = \beta_{21}\eta_1 + \zeta_2 \\ \eta_3 = \beta_{31}\eta_1 + \zeta_3 \end{cases}$$

其矩阵形式为

$$\begin{bmatrix} \eta_1 \\ \eta_2 \\ \eta_3 \end{bmatrix} = \begin{bmatrix} 0 & 0 & 0 \\ \beta_{21} & 0 & 0 \\ \beta_{31} & 0 & 0 \end{bmatrix} \begin{bmatrix} \eta_1 \\ \eta_2 \\ \eta_3 \end{bmatrix} + \begin{bmatrix} \gamma_{11} & \gamma_{12} & \gamma_{13} \\ 0 & 0 & 0 \\ 0 & 0 & 0 \end{bmatrix} \begin{bmatrix} \xi_1 \\ \xi_2 \\ \xi_3 \end{bmatrix} + \begin{bmatrix} \zeta_1 \\ \zeta_2 \\ \zeta_3 \end{bmatrix}$$

式中，ξ 表示外生变量，ξ_1 为信息分享，ξ_2 为合作共建，ξ_3 为人际互动；η 表示内生变量，η_1 为用户满意度，η_2 为口碑宣传，η_3 为持续参与；γ 表示外生变量与内生变量之间的路径系数；β 表示内生变量与内生变量之间的路径系数；ζ 是内生变量的随机干扰项。

4.3.2 研究设计

1. 研究方法

研究通过问卷调查法收集用户参与阅读推广服务的相关行为与满意度数据，利用统计分析软件 SPSS 16.0 和 AMOS 17.0 软件开展数据分析。通过 SPSS 开展信度与效度检验，验证潜在变量之间的相关性。通过 AMOS 软件确定结构方程模型的路径及影响系数，揭示用户参与、用户满意度、用户后期行为等变量的动态关联过程。

2. 研究对象

在调研中发现，目前，大学生是参与阅读推广服务最多的特定人群，将其作为研究对象具有一定的代表性和典型性。因此，以成都、重庆、上海 3 座城市的 7 所大学中参与了阅读推广服务的大学生用户为研究对象，分析其参与行为与参与满意度的关联关系。

3. 测量变量的确定

在参考 Cermak、Kellogg、Hubbert 等学者的理论与量表的基础上，形成了问卷初稿，并邀请 15 位专业人士及用户对问卷测量题项的逻辑性、准确性、合理性提出修改建议，修正完善后形成正式调查问卷。问卷共分为四个部分：第一部分涉及参与阅读推广服务用户的个人基本信息，包括性别、年龄、学科分类等；第二部分测量用户参与阅读推广服务的行为与程度，主要对信息分享、合作共建、人际互动等 10 个测量变量开展测量；第三部分测量用户的满意度，分别测量用户对推广人员、推广服务、推广效果的满意度；第四部分测量口碑宣传、持续参与活动等用户参与的后期行为。量表答案选项均采用李克特五级量表，运用 5 个选项表示行为与态度的不同状态。

4. 问卷发放与回收

采用现场与网络相结合的方式对大学生阅读推广参与情况开展调查，在成都、重庆、上海 3 座城市的 7 所大学共收集有效样本 475 份，样本的性别结构为：男生 193 人，占 40.63%；女生 282 人，占 59.37%。学历分布为：大学生占 92.42%，硕士研究生占 6.11%，博士研究生占 1.47%。样本学科分布情况为：文史类占 32.84%，理工类占 42.52%，经管类占 16.42%，艺体类占 8.22%。

4.3.3 数据分析和假设检验

1. 信、效度检验

采用验证性因子分析法，对问卷开展信度与效度检验。测得问卷的所有题项的信度系数 Cronbach's α 均大于 0.7（表 4-11），符合最低可接受标准，这表明问卷的信度已达到较好的水平，问卷可信度较高。

表 4-11 问卷信、效度检验

结构变量	维度	测量题项	α 系数	KMO	Bartlett 检验	因子载荷
用户参与（UP）	信息分享（IS）	IS1	0.89	0.744	38.656	0.897
		IS2				0.92
		IS3				0.901
	合作共建（COO）	COO1	0.823	0.631	47.389	0.823
		COO2				0.773
		COO3				0.781
		COO4				0.855
	人际互动（INT）	INT1	0.823	0.577	44.008	0.927
		INT2				0.952
		INT3				0.775
用户满意度（US）		US1	0.748	0.598	10.623	0.641
		US2				0.805
		US3				0.846
口碑宣传（WM）		WM	0.701	0.631	50.751	0.891
持续行为（OB）		OB	0.774	0.631	50.751	0.791

效度分析中，KMO 值均大于 0.5，且 Bartlett 检验 $P<0.001$，表明样本可以进行因子分析。采用方差最大正交旋转法旋转后的因子载荷均大于 0.5，这表明问卷具有较好的结构效度，测量题项合理，可用于后续的多元回归分析与结构模型分析。

2. 回归模型分析

通过运用回归模型进行假设验证，根据不同的自变量与因变量，建立 3 个回归模型（表 4-12）。在回归模型 1 中，R^2 的值仅为 0.895，这说明，在建立的第 1 个回归模型中，信息分享、合作共建、人际互动能解释用户满意度的 89.5%，说明模型拟合程度较高；在方差分析结果中，$P=0.037$，表明在显著性水平为 0.05 时，模型是统计显著的，说明拟合的模型具有统计学意义。

表 4-12　回归模型分析结果

回归模型			未标准化系数			方差分析结果		判定系数
序号	自变量	因变量	β	t	P	F	P	R^2
1	信息分享	用户满意度	0.072	0.740	0.047	2.935	0.037	0.895
	合作共建	用户满意度	0.735	1.866	0.016			
	人际互动	用户满意度	0.584	0.401	0.022			
2	用户满意度	持续参与行为	0.012	0.077	0.031	0.006	0.039	0.760
3	用户满意度	口碑宣传行为	0.116	0.755	0.013	0.570	0.045	0.724

对各自变量进行检验，信息分享 t 值为 0.740，P 值为 0.047<0.05，因此在显著性水平为 0.05 时，信息分享具有统计学意义上的显著性，即信息分享对用户满意度有着正向影响。假设 1 成立。而合作共建的 t 值为 1.866，P 值为 0.016（<0.05），人际互动 t 值为 0.401，P 值为 0.022（<0.05），因此，在显著性水平为 0.05 时，合作共建与人际互动也是统计显著的，即合作共建与人际互动对用户满意度的正向影响显著，假设 2、假设 3 成立。

在第 2 个回归模型中，用户满意度的 t 值为 0.077，P 值为 0.031（<0.05），用户满意度对持续参与有显著正向影响，假设 4 成立。同理，在第 3 个回归模型中，用户满意度的 t 值为 0.755，P 值为 0.013（<0.05），用户满意度对口碑宣传有显著正向影响，假设 5 成立。

3. 结构方程模型确立

为了进一步清晰用户参与与满意度的关联，通过 AMOS 软件对结构方程模型的路径及系数开展分析，从而揭示用户参与与用户满意度相互作用的微观行为机理。

表 4-13 为结构方程模型的路径系数分析结果，从表中可以得出，假设均都通过了检验。根据表 4-13 的分析结果，确定的路径模型如图 4-5 所示。

表 4-13　模型路径系数表

假设	路径	未标准化路径系数	误差	临界比	P 值	检验结果	标准化路径系数 γ
H1	信息分享→用户满意度	0.072	0.232	0.829	0.047	通过	0.005
H2	合作共建→用户满意度	0.735	0.394	0.919	0.016	通过	0.500
H3	人际互动→用户满意度	0.584	0.209	0.537	0.042	通过	0.297
H4	用户满意度→口碑宣传	0.116	0.157	0.764	0.013	通过	0.356
H5	用户满意度→持续参与	0.012	0.153	0.078	0.016	通过	0.231

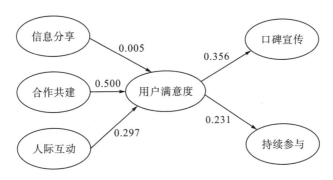

图 4-5　用户参与对用户满意度及后期行为影响路径模型

　　从图 4-5 中可以看出,确立后的模型各潜变量之间的路径关系与假定模型基本一致。在影响程度方面,用户参与的三个维度对满意度的影响程度分别为:合作共建($\gamma=0.500$,$P=0.016$)>人际互动($\gamma=0.297$,$P=0.042$)>信息分享($\gamma=0.005$,$P=0.047$)。其中信息分享对用户满意度的路径系数过低,仅为 0.005,表明它对用户满意度的影响程度很小。这一结果产生的原因可能在于:信息分享环节中,用户事前了解活动或在向推广组织告知个人需求与建议的同时,增强了自身对阅读相关环节的心理预期,而心理预期的提升远大于其本身实际感知到的推广活动服务质量的提升,因此造成感知质量差距的扩大,从而降低满意度。此外,信息分享过程中,一些非推广因素也会影响满意度,如对用户需求理解的偏差、交流中对用户隐私的不尊重等都可能使用户参与信息分享后,降低满意度。

　　模型方程为

$$\eta_1 = 0.005\xi_1 + 0.5\xi_2 + 0.297\xi_3 + \zeta_1$$
$$\eta_2 = 0.356\eta_1 + \zeta_2$$
$$\eta_3 = 0.231\eta_1 + \zeta_3$$

　　用户满意度对口碑宣传的影响程度($\gamma=0.356$,$P=0.013$)>用户持续参与阅读的影响程度($\gamma=0.231$,$P=0.016$)。这可能是由于持续参与受到用户时间、精力等多重因素的限制,使持续参与行为低于口碑宣传行为。

4.3.4　结论

用户参与的三个维度对用户满意度呈现正向影响关联，但三个维度对用户满意度的影响程度不同，其中合作共建是影响满意度的关键驱动因素，人际互动的影响程度次之，而信息分享对满意度影响程度最小。

通过用户满意度的"中介"作用，用户参与对用户后期行为有间接影响。用户参与与用户满意度、用户满意度与用户后期行为的路径关系显著，而用户满意度处于结构方程模型的中间部分，它既为用户参与的因变量，同时又是用户后期行为的自变量。因此，对于用户参与及其后期行为，用户满意度起到了重要的"中介"效应，用户参与与用户后期行为有着间接关联。

4.3.5　讨论

研究结论有利于用户参与的图书馆阅读推广工作科学、合理地开展，对增强用户满意度，提升推广服务效率与质量起到重要的启示作用。

理解用户参与的差异性，提供多元的、民主的用户参与途径。众多参与阅读的用户拥有不同专业领域的知识、工具、思维方式和价值观，这将决定用户参与阅读推广协同服务在深度与广度方面的不同。不同程度与维度的参与都对用户满意度产生正向影响，也对用户的后期行为起到一定影响。因此，推广人员可以考虑划分用户参与的不同层次，引导用户根据自身条件与意愿，灵活选择参与活动，从而拓宽阅读信息的渠道，深度了解用户的阅读需求，全面、客观吸纳用户意见，确保推广工作获得社会大众更广泛的认同，实现推广服务的效益最大化。推广人员还应对不同特征的用户个人或群体给予接纳和尊重，在注重激发用户参与的自信心与能动力的同时，深入理解其需求，努力在用户个人阅读需求与推广活动中找到平衡点与交叉点，尽可能提供个性化的服务，提升推广服务质量及用户满意度；尽可能保护用户个人信息的安全性及隐私性，减少或消除用户深度参与分享带来的负面影响，提升用户参与协同服务的准确性与时效性，增强阅读推广的服务绩效。

在用户参与的维度中，合作共建对用户满意度的影响最为显著。因此，建立互利共赢的参与合作机制，使阅读推广服务从阅读价值提供向阅读价值共创转型尤为重要。首先，应界定合作模式阶段用户的权利领域。推广人员与用户各自拥有的互补性资源是促进双方开展合作的重要基础。明确告知用户在合作开展阅读策划、实施、评估等环节中的决策权限，在实践工作中尊重、信任用户的决策，提供共同决策的机会，使用户在内心认同"兼职推广人员"角色，凸显其作为"推广人员"的主导作用，促使其积极承担阅读推广责任，履行推广义务，增强自身与图书馆推广人员的协调与合作，形成富有特色、扁平化推广的共建团队。其次，应注重合作的纵深程度，满足用户参与阅读推广时的多元化诉求。重视合作中知识的交流与沟通，使相互间的知识畅通共享，有利于相互间知识的不断融合与发展。重视彼此间的理解与认可，使双方在推广过程中情感得以交融与升华，从而增强用户参与的自信心及参与黏性，提升用户参与价值。

在合作共建中，还要注重对核心参与用户的培养，形成较为固定的协同推广人员网络。图书馆在开展阅读推广活动时，可考虑建立长效的激励机制，支持具有某方面专长的用户，使其长时间充当推广者的角色。这既能丰富阅读推广资源、扩充推广空间、克服图书馆独自推广的封闭性与狭隘性，又能汇聚新想法、新发现、新思维，形成一个全面、综合的学科团队，以实现不同专业领域的有效、精确、体系化推广，甚至可以就某个专业领域的资源打造高端推广品牌，向其他用户开展个性化的专业定制推送，增强用户的阅读成效。在核心用户成为固定"兼职推广人员"后，图书馆应明确表达共同协作参与推广的愿景，建立相互信任、相互支持的合作氛围，并给予参与用户教育与培训机会，保障参与用户的专业性、科学性，从而减少实施过程中的障碍，提升用户参与的自信心及满意度。这是促进用户后期推广与参与行为的保障，也是改进阅读推广服务质量、提升服务品质不可或缺的关键环节。

此外，推广组织人员可与用户建立双向沟通反馈渠道，随时获取用户参与服务的相关信息与满意度状态，对用户积极参与行为表达关心与支持，承认其服务的重要贡献，使用户获得中肯的评价，激发其自我效能，进而使其具备积极、肯定的服务情感，引发与增强用户参与推广服务的内驱力。在反馈结果中发现用户在参与服务过程中存在不满、抱怨或退出等行为时，要开展实时的引导与处理，尽可能将用户的任何不满情绪消除在萌芽状态，使用户获得高的满意度，激励、驱使其未来的参与行为，真正实现用户参与的长效性与稳定性。

4.4　本 章 小 结

本章着重研究了用户个体需求及其行为对用户阅读满意度的影响程度。在 4.1 节中，分别从用户与推广人员的视角出发，定量评估了双方对阅读需求重要性的认知，并分析了推广人员与用户在阅读需求的"理念增强""协同支持""情感认同""认知技能"四个维度的重要性认知存在较大差距，建议对此开展积极的改进。在 4.2 节中，提出阅读交互行为由分享、讨论、合作、评价四个维度构成，并以参与度、信任关系为中介变量，通过开展问卷调查与建立结构方程模型的方法验证用户交互行为对阅读满意度的影响。在 4.3 节中，设定用户参与与满意度的关联模型与研究假设，通过实证调查，验证了用户参与的三个维度对用户满意度呈现正向影响，强调促进用户的参与行为能提升用户满意度及其后期行为。

第5章 基于用户满意度的阅读推广服务质量管理概述

无论是理论梳理，还是调查研究，都明确地表明：用户阅读满意度是阅读推广服务质量的重要衡量标准。因此，开展阅读推广服务质量管理，就必须立足于提升用户阅读满意度，对影响用户阅读满意度的相关因素开展重点管理，在推广实践中不断完善、优化推广策略，推动阅读推广服务实现持续、健康发展。

根据前期研究所得，可以将基于用户满意度的阅读推广服务质量管理界定为：旨在要求服务人员利用用户关系管理，准确识别用户的阅读需求与期望，通过适当的推广工具、组织方式、资源内容，创建、管理推广环境，支持用户积极、深入地阅读，使用户在获取阅读体验的同时，提供反馈信息，推动阅读服务中存在的问题得以及时改进，从而实现用户对个体阅读的满意，提升推广服务质量。此界定既强调了服务质量管理对推广因素的规范控制，也强调了质量管理对用户个体行为的有效关注。通过此界定可以看出：基于用户满意度的阅读推广服务质量管理是一个科学、系统的管理过程，它涉及多个方面，是错综复杂的管理行为。在本章研究中，将围绕服务质量的管理原则、特征、体系及其构成要素展开概述，以期对服务质量管理进行整体性的阐释。

5.1 基于用户满意度的推广质量管理主要原则

基于用户满意度的推广质量管理具有以下四大原则。

1. 以用户为中心原则

人的因素是所有管理体系中的首要因素与本质因素。任何管理，应首先确立人在管理过程中的中心地位，继而围绕着调动人的主动性、积极性和创造性去展开一切管理活动。基于用户满意度的推广质量管理，强调对用户的理解，树立以用户为中心的管理理念，以实现用户全面发展为推广目标，构建有助于提升用户阅读自主性、创造性的推广环境与氛围，促进用户阅读的深度参与。

基于用户满意度的阅读推广质量管理必须根据用户不同的阅读目标、习惯、方法，与用户共同探讨在开展阅读过程中需要解决的问题和达成的目标。在推广过程中，根据用户客观的阅读条件与阅读偏好，设计不同方式的阅读材料供用户充分选择，使用户的阅读个性与潜能得到充分的发展；通过多样化的阅读服务形式，引导用户就阅读的资源与内容开展深层次探索；建立完善的推广支持系统，完整记录用户的阅读状况、行为与成就，及时发现用户在阅读过程中存在的问题，开展实时的推广干预，进一步完善和深化用户对阅读主题的意义建构；通过以用户为中心的质量管理原则，满足用户的阅读需求，提升用户参与的价值与满意度。

2. 精准匹配原则

开展阅读推广质量管理，即通过一系列管理手段、策略，实现用户需求、阅读渠道、阅读资源、阅读时机四者间的精准匹配。使用户获取到最具个性化、专业化的阅读服务，提升服务的准确性与针对性。

在具体的质量管理过程中，通过全面了解用户偏好，科学地从成千上万的阅读资源中筛选出与用户阅读最适配的阅读资源，开展合理的资源配置与推送，实现资源与需求的匹配；通过准确分析用户行为，理解用户阅读的轨迹，选择最佳的阅读推广时间、地点与环境，实现用户需求与推广时机的有效匹配。客观地认识用户的阅读态度，选择用户最易接受、最认同的服务渠道，实现阅读渠道与需求的匹配。

3. 规范性原则

阅读推广是一项科学、严谨的服务活动，应具备规范的管理流程与标准，使推广活动秩序井然，效率卓越。

首先，标准化、规范化的阅读推广流程使推广服务具备科学性、严谨性，推广人员按照质量管理的流程开展阅读服务，能做到方案明确、步骤清晰、监控有度、评估有效，能有效避免推广服务的盲目性与随意性，保障推广服务的正确、高效开展。其次，阅读推广活动的工作流程常牵涉多位推广人员、多个部门，规范化的流程能帮助推广人员就某一推广环节快速达成共识，减少沟通成本，降低沟通摩擦，在有效衔接工作的基础上，做出正确的推广决策，使推广服务达到事半功倍的效果。再次，规范化的推广过程有利于根据用户的阅读反馈，迅速查找出某一环节存在的问题或缺陷，从而及时对此环节进行改进与优化，使推广服务获得突破性的改变。最后，推广服务的流程规范可以降低推广过程中对人、财、物资源的浪费，实现节约型推广，降低推广活动的成本，使有限的公共资源得到高效、合理应用。

规范化的管理标准包括用户阅读数据的管理标准、推广目标计划标准、阅读资源与内容的管理标准、推广决策的管理标准、推广人员的管理标准、用户参与及反馈信息的管理标准等。

4. 用户满意原则

用户满意，是阅读推广的重要原则。使用户感到满意，必须与用户建立深度的联系，以实时掌握用户的相关阅读信息。通过分析阅读信息数据，提供相对应的推广决策，从而保障推广的正确方向。

要使阅读用户在参与阅读活动时感觉满意，还必须满足其阅读需求。在不同的推广服务中，用户的需求是不同的。可以按照不同的推广目的，将推广活动划分为不同的类型，以供不同需求的用户选择。根据用户阅读方式的不同，将其分为独立阅读与群体阅读。对于独立阅读的用户，可以在推广过程中提供诸如阅读内容反思、写读后感等阅读任务，促进用户深入地思索；对于群体阅读的用户，可以提供面对面阅读会、社交平台阅读等方式。根据其阅读目的不同，对专业性阅读用户，可以围绕专业内容提供相关联的丰富阅读资源，促进其深入、广泛地阅读与思考，从而提供知识迁移与应用的机会，促进用户自我发展与完善。对于休闲阅读的用户，则强调引导用户体验阅读内容中所表达的精神与物质文化，感悟阅读内容的真实内涵，在阅读中追求愉悦，达到精神享受与震撼，使精神上实现宽慰与满足。

5.2 基于用户满意度的推广质量管理关键特征

根据质量管理相关理论及阅读推广质量管理目标体系，可以将基于用户满意度的推广质量管理关键特征阐述为以下五个方面。

(1)基于用户满意度的推广质量管理致力于促进用户获取卓越的阅读成果，从而帮助用户养成良好的阅读习惯，促进用户终身学习，不断完善自我，实现全面发展。在推广服务质量管理过程中，根据推广质量的监控与反馈，不断地改进与完善阅读推广服务，极大促使用户的认知和技能得以提升，情感得以升华，使用户在获取卓越阅读成就的同时，认同推广活动的价值，愿意深入、持续参与阅读活动。在推广服务质量管理过程中，强调以用户为中心的服务思想，全程引导、激励、支持用户阅读，促进用户获取美好、持久的阅读体验，也为优化用户的阅读兴奋感与充实感做出极大贡献，这种愉悦、深刻的阅读感将对用户的内在心理带来强烈的思维冲击，进而成为阅读行为的长久动力，引导和激发自身持续的阅读行为，形成良好的阅读习惯，使阅读成为终身学习的有效途径，实现阅读促进用户个体持续发展的终极目标。

(2)基于用户满意度的推广质量管理倡导用户阅读数据有效管理。以用户为导向的质量管理，必须通过精准分析用户阅读期望、了解用户阅读特征、预测用户阅读行为、洞察用户阅读状态、响应用户阅读需求，凸显出用户的重要性，而这一系列的推广行为都应建立在对用户的阅读数据积累、挖掘、分析及可视化实现的基础上。

基于用户满意度的推广质量管理首先通过收集、汇总前期用户海量的阅读数据，过滤、分析阅读数据，对阅读推广服务有全局性的了解，从而帮助推广组织找到推广服务的具体方向，明确不同群体用户的差异化需求，进而具备精准的阅读资源推荐能力与用户阅读行为预测能力，开展科学的决策服务。其次，在推广过程中，不断地更新、丰富用户的阅读参与数据、阅读行为数据、效果反馈数据，使推广组织通过数据的实时分析，实现"推广可视化"，能快速掌握用户当前的阅读状态及其阅读体验变化过程，理解阅读行为变化之间的相互影响关系，研判自身的推广方式是否有效，从而不断地改进服务方式，提供个性化服务，解决服务缺陷与危机，为增强用户全方位的阅读体验做出科学的指导。

(3)基于用户满意度的推广质量管理强调构建用户紧密的关系维度。信息技术的飞速发展，为用户阅读开辟了新的方式与空间。阅读由私人化行为向公共化行为过渡，互动、分享成为阅读的必要元素。阅读的空间从过去的私人阅读转变为共享平台，阅读的知识由过去个人的建构与积累转变为共同的传播与分享。基于用户满意度的推广质量管理强调摆脱空间的束缚，按照用户的阅读需求与偏好，通过数字化的途径，快速建立起不同的阅读链接，构建起紧密合作的阅读网络，形成一个开放的生态阅读平台。在这个平台中，通过用户相互间的阅读关注、交流、点赞、评论等行为，用户间不断认识、理解、信任与认同，从而就共同喜欢的阅读内容展开广泛、深入的讨论，在多向互动的阅读关联中，实现用户间紧密的关系维持。这种关系，一方面，使用户在相互分享阅读观点、观察彼此阅读行为、感知彼此阅读情感的过程中，体会到交互式阅读带来的极致感受，减少用户阅读的孤独感与焦虑感，获得更强的阅读成就感与认同感，实现更深刻、更美好的阅读体验，有效激发用户积极的阅读倾向，使其以饱满快乐的情绪参与阅读，从而强化用户的阅读满意感知。另一方面，通过这种凝聚的阅读联系，实现由"推广组织的单向传播"转向"多元主体互动传播"。多元的推广主体更有利于用户在相互沟通交流中分享各自的隐性知识，使根植于个体间的隐性知识得到快速流动与传播，通过对隐性知识的讨论、甄别、分析、整合，使原本零散、模糊的隐性知识得以清晰化、系统化，这既促进用户个体知识的快速增长，也有利于实现知识的汇聚创新。

(4)基于用户满意度的推广质量管理鼓励用户深度参与。作为"推广者"，用户参与阅读活动的设计、实施等服务，在推广的前期分析中，通过与推广人员开展频繁的沟通与交流，有利于参与用户详细、具体地阐述用户群体中潜在、隐藏的阅读需求，使推广人员更好地理解用户的期望；在推广设计过程中，由于用户本身的阅读视野和焦点与推广人员有区别，因此，用户的参与能为推广人员带来多元的见解与想法，这能帮助推广人员制订出新的推广创意与方案；在推广实施过程中，用户与推广人员形成的持续互动，能更迅速、持续地将实际参与体验反馈回来，提升推广服务质量的反馈速度，使推广人员及时了解到活动满足用户阅读需求的程度，发现推广活动中存在的不足；在质量改进阶段，用户能与推广人员开展深入的协作，针对阅读的负面反馈，商讨可行的迭代策略，避免错误的设想，这有助于增加解决方案的可行性，从而促进推广服务朝着正确的方向前进。

鼓励用户参与推广的设计、实施、评价等环节。用户交流频繁，借助其口碑传播能迅速建立推广的知名度。用户在设计、实施、反馈的整个推广过程中，都会与其他用户进行交流，以了解或帮助他人了解推广活动的相关信息，这种宣传对其他用户来说可信度较高，比推广组织有目的的宣传手段造成的影响力更广泛、更久远。参与服务的用户在推广活动中的示范效应对提高其他用户的阅读动机和素养有积极的作用。通过模仿与学习，用户阅读的行为、习惯都能得以改善与提高。

(5)基于用户满意度的推广质量管理重视质性评价与量性评价相结合的用户评价体系。在推广质量管理中，用户的阅读效果能真实反映出推广质量的好坏。开展推广质量管理，一方面，在用户结束阅读后，运用编制试题、量表等量性评价方式，全面考察、衡量用户在阅读活动中知识、技能的提升，这种评价方式具备精确性和可验证性，是科学化阅读评价的重要组成。另一方面，采用持续性、动态的质性评价，在阅读过程中，通过参与观察、行动研究等方式，归纳、评定用户对阅读内容的深层理解，以及用户对阅读技能在具体情境中的运用、相应情感态度和价值观的发展等阅读的整体情况，为质量评价做出定性的价值判断。多元、综合的评价体系，既关注了阅读推广的过程，也重视推广的结果，提升了用户评价的有效性和合理性，为改进阅读推广服务提供真实可靠的依据。

5.3 基于用户满意度的推广质量管理目标体系

阅读推广质量管理涉及管理的多个方面，它是对整个推广过程中人、财、物的管理，具体包括推广成本管理、推广资源管理、组织文化管理、服务市场管理、推广控制管理，是让用户满意，使推广组织人员、合作伙伴等相关人员实现共赢的一种管理途径。基于用户满意度的推广质量管理目标则是以用户为中心，不断地改进推广管理模式与服务规范，消除服务质量差距，其核心在于提升用户阅读感知质量，使用户阅读满意度得以大力提升，如图5-1所示。

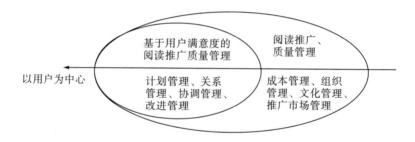

图 5-1 阅读推广质量管理关系图

当用户对服务的期望与用户对服务的感知质量之间存在差距时，则影响用户对阅读推广服务的满意度，因此，基于用户满意度开展推广质量管理即是缩小用户对服务期望与实际感知质量之间的差距。

借鉴差距模型理论，可以将阅读推广活动质量差距归纳为以下5个方面。

差距 1：推广组织了解的用户阅读期望与实际用户期望之间的差距，即用户期望认识的差距。

差距 2：推广组织制订服务标准与所了解的用户期望之间的差距，即质量规范的差距。

差距 3：推广组织服务执行与制订的服务标准之间的差距，即服务传递的差距。

差距 4：推广组织对用户的承诺与服务实际绩效之间的差距，即信息传播的差距。

差距 5：用户对服务的期望与用户对服务质量感知之间的差距，即服务质量感知差距。

根据差距模型：

服务质量差距(差距 5)=差距 1+差距 2+差距 3+差距 4

因此，缩小服务质量差距，关键在于缩小质量差距中的每一项差距。即：应准确地了解用户阅读的实际期望；制订的阅读推广服务标准体现顾客的期望；确保服务达到预期的标准；使服务宣传承诺符合服务的实际效果。这就是基于用户满意度的阅读推广服务质量管理的 4 个主要目标，如图 5-2 所示。

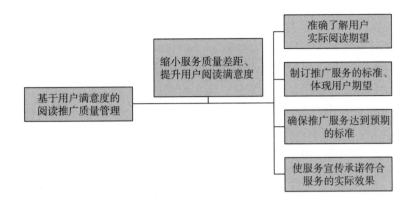

图 5-2　基于用户满意度的阅读推广质量管理目标体系

缩小推广组织了解的用户阅读期望与实际用户期望之间的差距，则必须真正了解用户阅读的真实期望。推广组织应积极对用户开展关系管理，进而通过问卷调查、用户访谈和反馈等方法开展阅读需求调研，也可利用社会化媒体(用户个人微博、阅读论坛、QQ)等开展用户阅读偏好与趋势监测，更需要收集用户前期参与阅读活动的满意程度、忠诚数据、抱怨与退出等相关信息。通过对用户较为清晰的认识，全面、深入了解用户的真实需求与期望。

在正确了解用户真实期望的条件下，需要将这些有价值的信息转化为阅读服务标准，以便按用户期望设计和管理推广组织行为，使推广服务让阅读用户满意。制订体现用户期望的服务标准，包括正确的服务标准导向及服务设计。用户的阅读需求与期望具有多元化、差异性，开展用户群细分，将具有相似阅读特征、方式、需求的用户集合起来，有针对性地制订出清晰、明确的推广标准。标准应具备以下特征：

(1)标准应要切合用户阅读目标，即制订用户导向的服务标准。

(2)标准应具有层次性。即使对待同一类型的用户，也应设定不同范围、不同难度的阅读等级标准，引导用户按自身的状况，由浅到深，逐步达成推广标准。

(3)标准应具体，可衡量。服务标准不能过于笼统、抽象，应明确化、数量化，便于考核或验证。

(4)标准应关注时限要求。标准应有明确的时限要求，注重完成目标的期限，明确服务的响应时间与解决时间。

在制订好推广服务标准后，应设计与规划阅读服务相关的资源内容、组织方式、沟通交流方式、环境氛围等有形无形的因素，致力于通过有效、满意的服务，打造高质量的阅读用户体验。

在阅读推广的过程中，如何与服务设计保持一致，达到预期标准，则需要关注实施过程中推广人员、阅读用户和推广控制三个因素。推广人员若不具备一定的知识与技能、态度与情感则很难进入到服务角色，也很难有效地按照服务设计，提供专业化的推广服务，达成阅读服务标准，因此，对推广人员开展管理与培训是达成阅读服务标准的人力保障。在推广服务过程中，阅读用户不予配合，参与性与主动性不强，则会影响服务标准的执行，应运用多种方法与途径调动用户的参与积极性，使用户按服务设计要求，主动参与阅读推广价值发现、创造、传播、交换、评价等一系列动态过程，顺利完成阅读任务，达成服务标准。服务流程是阅读推广服务的活动重点，服务质量的好坏受到服务流程很大的影响，因此，对服务流程的监控与干预也尤为重要。在监控过程中，应关注用户阅读目标的完成情况，检验实施目标的策略计划是否有效、资源配置是否合理、目标本身的制订是否合理、阅读用户是否存在阅读困难与疑惑，等等。当出现异常情况时，应及时分析存在的原因，做出快速、准确的应对策略与措施，及时开展服务干预，推动整个服务的持续改进，从而通过规范化、精细化管理，保障用户的阅读行为与进程达到预期标准。

当用户对推广服务的期望值与推广组织设定的期望值差距过大，那么即使前面的服务再高效，差距再小，也很难提升用户的满意度感知。因此，做好用户的期望值管理，给用户一个合理的阅读期望，将推广组织与用户双方的期望值鸿沟缩小，是解决差距过大的有效方法。在服务中，应使服务宣传承诺符合推广服务的实际效果。在服务开始之初，用户对推广服务的质量只能是一种模糊的认识，具有不确定性。推广组织应坦诚、客观地向用户描述推广服务的内容与作用，使他们能够准确了解到自己通过参与阅读活动，能得到服务与价值。当发现用户期望值过高时，应主动对用户开展解释，争取将用户期望值调到合理的程度，从而在服务中获取用户的认可与支持，让双方朝着这个合理的期望共同努力，实现用户满意度指数的有效提升。

运用适当的方法，不断缩小阅读推广活动质量差距，使阅读推广服务实现自我完善，工作更具科学性、规范性，努力提升用户满意度。

5.4   基于用户满意度的推广质量管理构成要素

围绕阅读用户满意度的影响因素，可以将质量管理的构成要素具体分为：推广人员、社会志愿者、阅读用户、阅读资源、工具与技术、阅读活动和阅读情境，这些核心要素相互联系、相互制约，构成了质量管理的整体组成，如图 5-3 所示。

1. 阅读用户

在阅读推广质量管理过程中，用户占据质量管理的主体地位，是最核心的要素。深刻地认识并充分尊重这一事实，积极围绕用户的需求设计、组织、实施阅读服务，最大

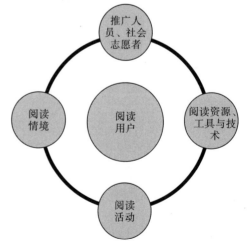

图 5-3   阅读推广质量管理要素图

限度地调动用户的阅读兴趣，引导用户参与阅读过程，帮助用户获取阅读成就，使用户在阅读过程中具备能动性，发挥主动作用，积极开展自主阅读与合作阅读，在阅读中真正扩展视野、启迪心灵、开启潜能、培养能力，实现个体的全面发展是阅读推广服务质量管理取得成功的关键。

2. 推广人员

推广人员在整个阅读推广服务过程中起组织领导作用，具体表现为：明确推广目的与方向、组织推广内容、选择推广的具体方法、开展推广服务的质量评估等。推广人员是阅读服务的推广者、组织者、实现者，是用户阅读开展的激励者、引导者、陪伴者。推广人员是否具有积极参与服务的热情，是否具备服务的感召力与引导力，是否具备专业服务的知识与技能是推广服务质量管理的关注重点。

3. 社会志愿者

社会力量的积极参与、群策群力是阅读推广活动的坚实基础与重要保障。社会志愿者包括参与阅读推广服务的专家、学者等专业领域的志愿者及社会人士，在校学生、普通公民等非专业志愿者。如何让每个志愿者更加认可自身志愿服务的意义、认可推广团队的价值，促进社会志愿者快速融入阅读推广服务，进而与推广人员形成资源条件互补，发挥其参与推广服务的活力与效益，使推广团体资源效率发挥到最大，形成更强大的凝聚力是服务质量管理又一重点。

4. 阅读资源

阅读资源是推广的载体。在阅读推广中，对阅读资源的关注点在于：有哪些资源、如何获取、如何关联。当前，人们处于资源透明化、全球化、共享化的社会中，相比过去，人们拥有更多的阅读资源，阅读资源不再仅限于过去的书籍、报纸、杂志等纸质资源，还包括了网络平台中大量涌现出的电子书、论文库、视频、音频、图像、动画等。丰富的资源为用户的阅读提供了极大的便利，但也为用户查找个人所需资源增添了难度。开展服务质量管理，不仅需要对海量多样、更新迅速的资源进行梳理与整合，还需要针对不同的用户提供不同的阅读资源，更需要对用户阅读过程中生成的资源进行有效评论及保存。

5. 工具与技术

从服务的功能来看，推广工具包括管理类工具与阅读类工具。管理类工具包括推广服务过程中人员的沟通工具、资源的组织工具、过程的监控工具、阅读的评价工具等支持推广活动开展的一系列软件、网页、平台等。管理工具的使用，能帮助推广人员轻松控制推广过程，提高推广效率与效果。阅读类工具包括支持用户开展有效阅读的搜索、分享、总结、反思、发布的物理工具，如电脑、手机、照片、地图、模型等，也包括实际的阅读技术、方法，如思维导图、平面进程表等。阅读类工具的有效应用，能帮助用户培养阅读兴趣、梳理知识结构、促进深入发现与思考。质量管理必须根据不同的推广目标和内容，采用不同的推广工具促进用户愉快、深入的阅读。

6. 阅读活动

阅读活动是推广服务工作的基本形式，它由相互联系的环节构成一个完整的推广任务。通过一系列的阅读推广活动综合实现推广服务的目标。由于每一种活动都有其适用的范围和价值，推广组织应根据不同的推广内容、对象选择不同的推广活动方法，同时还应关注活动的内容、进度规划、执行策略、奖项设置等具体组织形式，力求实现阅读活动的针对性与可操作性，避免开展的活动与用户本身需求脱节。

7. 阅读情境

阅读情境是指推广组织在开展阅读推广服务时，为落实阅读目标所设定的、适合用户阅读的推广环境。从心理学角度讲，用户阅读的过程，是自身有意义学习的过程。因此，运用形象生动的语言、生活气息的体验、认知冲突、经典故事史料等创造阅读情境，能有效提升用户阅读兴趣与愿望，形成积极的阅读氛围，围绕阅读资源，开展深入思考和分析，实现对知识、技术的自主建构，及对美好阅读情感的同化。

从图 5-3 可以看出，质量管理的构成要素分为两大部分：一部分是参与服务的人员，这包括用户、推广人员与社会志愿者；另一部分则是服务的相关环节。因此，可以判定基于用户满意度的阅读服务质量管理的关注重点在于：对人的管理，即对用户、推广人员、志愿者等开展管理；对整个服务流程的管理，即对推广内容、工具、活动、情境等要素的管理。只有充分重视了这两个方面的管理，才能协调好质量管理的各个因素，使各个因素能够实现相互配合，促进推广目标的顺利完成，真正实现优质、高效的阅读推广服务质量管理。在本书第 6 章与第 7 章中，将对这两部分管理进行详细的论述。

5.5　本　章　小　结

本章首先指出了基于用户满意度的阅读推广服务质量管理的概念。其次，围绕用户满意度视角下阅读推广的服务质量管理，论述了质量管理原则及质量管理关键特征。再次，借鉴差距模型理论，详细阐述了阅读推广服务的差距及质量管理的目标。最后，指出质量管理系统的构成要素，强调质量管理主要分为对人员的管理及对服务流程的管理，为第 6 章、第 7 章的内容做出了总体的概括。

第6章 阅读推广服务质量管理中的人员管理

通过对基于用户满意度的阅读推广服务质量管理进行概述，能明确开展阅读推广质量管理的两大重点，即对阅读推广服务中的人员与流程开展管理，这就为推广组织指明了阅读服务质量管理的可靠途径。由于不同类型的组织有着不同的推广特征，而图书馆是阅读推广的主体力量，因此，在接下来的章节中将主要围绕图书馆的具体情况，就服务质量管理开展论述。

对推广服务体系中的人员开展管理，是阅读推广服务质量管理的重要组成部分。在具体的图书馆阅读推广服务情境中，阅读用户、推广人员、推广志愿者都扮演着重要的角色。对其开展有效管理，使参与阅读活动的不同人员的行为得到规范、协调，促进其在阅读活动中高效地完成自身的任务，保障阅读推广工作的和谐进行。

6.1 阅读推广服务的用户关系管理

用户是构成图书馆推广活动的主要要素，没有阅读用户，推广活动就无法开展。为了给用户提供高质量的服务，确保用户满意，一方面，推广人员必须在服务的设计、开发、传递、实施等质量形成全过程中倾听用户意见，了解用户感受，满足用户需求，力求使用户获得良好阅读体验，提升满意度。

另一方面，信息化时代，井喷式增长的资源为用户提供了丰富而多样的阅读内容，五花八门的阅读平台更使用户的阅读途径多种多样。用户获取信息的能力增强了，获取信息的方式增多了，推广服务的信息度减弱了，相较于传统的推广而言，个性化的阅读、朋友分享阅读更能吸引用户的注意力。在这种阅读空间无限拓展、阅读内涵不断进阶的阅读环境中，用户与推广人员及图书馆的关系则变得更为松散与疏远，这种相互关系的弱链接，将直接导致用户资源选择"迷航"、阅读注意力日渐分散、阅读效率低下及情感体验缺失等一系列问题。同时也造成阅读推广活动在开展的过程中，因用户参与度与投入度的不足，活动的社会效益与价值愈渐低下。

面对这一特定的矛盾状况，推广人员如何在复杂多变的阅读环境中拉近与阅读用户的关系，吸引并激发用户参与阅读的热情，有效植入用户随机可变的阅读过程，促进用户持续性、深层次阅读的开展等问题的解决已刻不容缓。在图书馆阅读推广过程中开展用户关系管理，是解决上述问题的有效范式之一，它将有效改善用户在推广过程中的投入与协助力度，为提升推广服务质量与用户满意度打下坚实的基础(Krogh et al., 2000)。

6.1.1　阅读用户关系管理的内涵分析

　　阅读用户关系是指用户与图书馆之间、用户与用户之间在阅读资源传播与接收的过程中，相互的作用、影响与联系。阅读推广的受众群体庞大，用户本身对阅读的需求具有多元性、差异性，且用户相互间又存在错综复杂的阅读交互关系，因此，引入用户关系管理思想，清晰认识用户间的动态联系，建立科学、规范、标准的用户关系管理体系，处理好用户之间的结构关联就尤为必要(张泸月和许统，2017)。

　　用户关系管理来源于西方市场营销领域的客户关系管理。它强调"以客户为核心"的战略思想，通过企业对客户相关社会资源的收集、分析和利用，改进营销、服务过程中的管理方式，进而满足客户需求，对客户实现有效的挽留(瞿艳平，2011)。从理论层面讲，用户关系管理是一种管理思维，注重在经营管理的过程中，通过提供比用户预期更好的产品与服务，来提升用户满意度与忠诚度。从实践应用层面讲，用户关系管理是一种信息整合方法，通过对用户信息的有效管理，增强组织与用户之间的关系，满足用户多元化需求，提升服务质量(蔡淑琴等，2004)。

　　鉴于此，可以将阅读用户关系管理的内涵做如下界定：以满足用户阅读需求，改善用户阅读体验为导向，通过信息技术对阅读用户的信息进行整理，为图书馆提供全面、可靠、完整的用户认知，使用户与推广组织间、用户与用户间在协同与互动的阅读过程中，拓展、维系、深入关联关系，从而促进用户在持续、深入的阅读过程中实现阅读量变到质变的累积效应，有效提升个体阅读价值。

　　开展用户关系管理能为阅读推广活动提供决策与服务支持。首先，开展用户关系管理能有效了解用户对阅读的认知、态度、技能及其背后所蕴含的心理规律，通过多视角的梳理与分析，准确掌握用户的多元阅读需求及期望，以及阅读偏好行为，从而为图书馆在活动前期制订推广目标、推广内容、推广规模、推广途径等提供针对性的决策依据，使推广资源得到合理的配置与利用。其后，在阅读推广开展的过程中，开展用户关系管理能及时掌握用户在参与阅读过程中的反馈状态，使推广人员能快速找到推广过程中存在的问题与漏洞，评估并判别出问题的关键所在，根据不同的情况，开展差异化的推广改进与优化，为阅读活动兼顾大规模推广与个性化服务提供有力支撑，进而有效提升阅读推广的质量与用户的满意度指数，促使阅读推广活动达成效益最大化。

　　开展用户关系管理能促进用户实现阅读价值的创造与传递。阅读推广的本质是提升用户阅读的价值，推动用户与用户之间开展充分沟通与交流，从而建立和保持广泛密切的阅读联系，并逐步在用户之间建立起多条阅读推广纽带，通过相互间的亲密信任与充分合作，用户彼此开展阅读激励与情感支持，深化阅读价值。此外，用户间深入、持续的交流能构建起自主、高效并有着巨大凝聚力的推广网络，网络中汇集众多阅读信息，将进一步丰富、扩展阅读资源，融合多元情境的阅读方式也能促进用户阅读情感的升华与强化，这将使用户在高度认同推广活动的基础上，引领更多用户参与、投入到推广活动，从而有效延伸了推广组织尚未触及的范围，并传递出更大的推广价值。

6.1.2　阅读用户关系管理的结构特征

阅读用户关系管理是一个有机的系统，是用户信息在不断整合的过程中，系统中的各要素及其相关关系在特定状况下的表现形式。从结构形态看，阅读用户关系管理可以分为三个维度：用户分析、管理行动与结果评价。这三个维度构成了统一、循环的闭环结构，如图 6-1 所示。

图 6-1　阅读用户关系管理结构图

1. 用户分析

用户数据的有效收集与分析将对其后推广决策的制订与推广资源的分配有着重要意义 (Saboo et al., 2016)。因此，有效的用户关系管理，应首先对用户的阅读信息进行全面、准确的了解，这需要对每一位阅读用户建立端到端的收集渠道。

得益于互联网对用户在线阅读信息过程的追踪与保存，当前，用户阅读数据已从对传统的用户纸质阅读历史信息搜集与汇总延伸开来，触及了更多更广的范围。大数据环境下，借助于前端阅读数据的价值挖掘，收集阅读用户的人口统计特征、阅读动机、心理特征、行为方式都更为高效与便捷。

阅读数据挖掘与收集完成后，一方面，建立阅读用户数据库系统，以期对推广过程中用户数据信息的索引和查询处理起到支持作用。另一方面，运用数据分析方法将数据之间隐含的、潜在的关联与特征展现出来，使其成为更具规律、更有价值的用户信息与知识。推广组织人员应根据分析后的信息，选择适当的细分原则，找到用户集合层次，将众多具有阅读差异性的用户有效区分开来，形成侧重不同、偏好不同的细分阅读群组，实行分类化、针对性管理。共同的阅读兴趣与阅读价值是阅读群组的共同标签，这有利于后期筛选并推送内容丰富、目标精细的优质阅读资源，从而高效满足用户的阅读需求，实现差异化的用户管理与精准化的阅读推广，以保证有限推广资源的投入能为用户带来增倍的价值体验，发展并维持与用户的良好关系。

2. 管理行动

在用户经过信息分析组成不同的群组后，用户关系管理进入了行动阶段。在行动阶段，需要把多个用户阅读信息汇集合成一幅动态、完整的客户需求与体验画面，使用户关系管理能开展行之有效的服务支持。在这一阶段中包括识别需求、建立信任、获取联系、推广支持四个步骤(图6-2)。

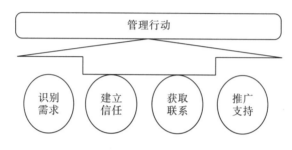

图6-2 阅读用户关系管理行动的四大步骤

识别需求。面对一个细分后的典型性阅读群体，对其关系的管理首先应为理解细分后群体用户的阅读行为与心理模式。从用户的心理与行为特征中，确认用户的阅读需求及其需求的迫切性，进而根据需求制订符合群体需求的推广方案，如要识别出群体用户关注的阅读内容是知识相关还是情感相关。若群体用户关注的是阅读知识，强调阅读信息的实用性，那么在制订推广内容时，要考虑推广的阅读信息能否解决用户可能遇到的实际问题，在考虑推广策略时，尽可能组织用户间开展阅读头脑风暴的活动，促进用户对阅读信息的深入理解与应用。若群体用户关注的是阅读情感，强调情感的分享与共鸣，在选择推广内容时，要注重阅读内容在表达感悟、哲理、励志等方面的情感因素，在考虑推广策略时，则以组织阅读反思与互评等活动为宜。

建立信任。在关系管理中，建立在共同目标基础上的信任是培育、维护、黏合、提升关系最牢靠的心理能量。与用户建立起常态化的联系，则必须使用户了解、信任推广组织，认同其推广理念、相信其推广能力、期待推广带来的价值。图书馆需要通过多种宣传方式建立起用户了解推广活动的认知通道，一方面向用户展示自身的推广能力、意图、口碑等，使用户在展示的过程中，了解到参与阅读活动能带给自身的作用与效果，从理性思维角度接受活动，提升依赖感；另一方面，向用户传递参与阅读的愉悦、轻松的感受，从感性的角度刺激用户参与活动的欲望，促进其阅读的行为。与此同时，在用户管理同时，鼓励用户经过长期的交往和彼此间的"熟知"，在多次合作的过程中形成"信任关系"(曹瑄玮和席酉民，2008)。这也有利于用户在阅读选择和开展的过程中，通过同伴影响，深化个体对阅读的价值认知与情感体验(马永斌，2015)。

获取联系。基于信任关系，图书馆与用户之间建立起一种更加频繁、紧密的社会关系，基于这层友好协作的情感联系，推广人员与用户间就阅读的相关问题不断地开展人际互动，实现有效的阅读交流。通过及时的交流与反馈，推广人员可以实现及时发布阅读服务信息、引导用户参与活动、掌控整个推广过程，记录用户参与的范围与活动的积极状态，了解用户参与活动时不断变化的需求及存在的问题和困难，通过及时地解决问题，实现具体问题的有效管理控制，确保阅读推广活动的持续稳定开展。

推广支持。通过具体的管理联系，推广人员掌握了用户阅读的实时需求，则根据不同用户存在的阅读问题与困难，因地制宜地开展具有差异性的服务支持。这包括：传递分层级的阅读补充资源、组织分享多元的阅读话题、开展用户间多样化的阅读合作、提供个性化的阅读指导与帮助、协同开展阅读成效的评价等。

3. 结果评价

对用户开展阅读结果评价对建立积极的用户关系而言是极为重要的一环。评价不仅要看与多少用户建立了联系，更要看联系的密切程度。用户的满意度、忠诚度与用户的保留率成正比，将直接影响图书馆与用户关系的成功维系。测量用户满意度与忠诚度既是向用户表达"在意其感受"，也能从侧面验证用户关系管理运作的有效性。

测量用户在阅读活动中的满意度及忠诚度，了解用户所感受到的阅读推广服务质量与用户心理预期的差距大小、用户再次参与活动的行为与态度、宣传推荐的意愿等信息，明确影响其数值的各因素及其权重大小，结合改进因素的急迫程度与现实的推广状况，从推广质量、服务表现、互动要素等因素开展持续改进，提升用户满意度与忠诚度，实现用户关系的良性发展与保有。

6.1.3   阅读用户关系管理的实践路径

图书馆必须依靠有效的用户关系管理，与用户建立起能够相互沟通、相互理解、相互信任的紧密关系。"互联网+"环境下，阅读推广技术的创新，推广思维的变革，推广模式的重构及图书馆的改革，都将推动阅读用户关系管理实现持续发展及升级转型。

1. 融入社交媒体，扩大管理途径

"互联网+"时代，可依托社交媒体平台开展阅读用户关系管理，增进图书馆与用户之间的阅读联系。利用社交媒体平台所拥有的"即时互动"与"信息对等"的优势，对用户开展点对点、点对面的阅读推送、服务与反馈，与用户建立起实时、紧密、互通的关系链接，实现更具效率的阅读价值传递。首先，推广人员可以利用社交平台持续、深入发布阅读信息，快速打破传统阅读物理区域壁垒及信息不对称的状况，使阅读信息更加开放化、透明化，使用户获取更大的阅读知情权，并按个人所需，灵活开展阅读活动的选择与参与(李立维等，2016)。其次，阅读推广人员可以通过用户在社交平台中的阅读表现反馈对用户阅读开展引导、监控与互动。根据用户实时的阅读状况，快速响应个体需求，推送内容丰富、目标精细的差异性阅读资源和针对性的个性化服务与建议，避免带给用户糟糕的阅读体验，提升用户对图书馆的认同感与黏性，凸显推广服务价值。最后，推广人员还可以借助平台及时收集用户对推广服务的意见与评论，并快速针对用户的意见，给予问题反馈、错误修正、意见采纳，实现阅读信息、情感、理念等有效的沟通，提升用户体验，建

立起更和谐的相互关系。

推广人员在组织阅读话题与活动时，可利用社交平台的互动模式，促进小组用户的积极互通，通过用户相互间的阅读分享、问答、展示和评论，使用户感受到自身参与活动的归属感与成就感，这些情感的获得将对用户的阅读活跃性与持续性产生非常积极的影响，能使用户愿意长久地与推广人员及其他用户开展联系，从而实现用户阅读信息在推广网络中的高效流动，并最终形成一个完整的、具有延续性的关系管理体系。此外，在用户相互关系的交互过程中，一些在前期未能收集、观察、分析到的潜在、隐蔽的问题将随着用户频繁深度的交互而呈现出来，这更利于推广人员全面、系统地完善用户信息，更能高效实现与用户的无缝对接，使后期支持服务更为顺畅与精准。

2. 建立用户管理系统，优化用户关联关系

跟踪了解用户阅读需求与偏好，开展科学性的分析与统计是建立与维系用户关系过程中不可或缺的部分。

建立用户关系数据库，详细记录用户的显性与隐性的综合数据资源，客观、全面地详尽呈现用户的相关行为特征。从多维的角度，开展用户阅读访谈或问卷调查，诚恳、开放性的沟通方式使组织能从不同的视角客观、公正汇集用户信息，从而使用户数据具有完整性；在阅读服务过程中强化跟踪服务功能，通过对用户阅读行为的监控与分析，掌握用户阅读态势，不断修正用户阅读的动态需求，挖掘阅读背后深层次的问题，使数据具有及时性；不断地进行调整，剔除陈旧或已经改变的用户资料，及时补充新的信息，确保数据的准确性。将用户数据数字化、结构化，全面优化关系管理流程，使用户数据做到可观、可测、可用，为后期精确预测用户的潜在需求、合理拟定推广策略、提升对推广过程的敏捷反应打下坚实的基础。

建立用户分析系统，一方面，依据心理学、行为科学等原理与模型，通过数据的实时分析处理可以快速分析不同用户的需求图谱、阅读优势、知识结构及后期阅读行为的概率分布，预测后期阅读需求与趋势，实现极具匹配性的方案推荐与服务支持，切合用户真实阅读需求、提升用户参与度，实现优质、智慧的关系管理。另一方面，建立用户流失模型，分析流失用户的阅读特征、影响用户流失的因素和特定用户流失的风险，尽可能在推广过程中采用针对性的策略，减少阅读用户的流失数量。

3. 构建与核心用户的联盟，开展协同管理服务

阅读用户关系管理属于阅读推广活动中的一个重要组成环节，但由于关系的建立与维护贯穿整个推广过程，需要推广人员投入大量的精力，而推广人员往往聚焦于设计适当的阅读资源及开展多样化的服务满足不同用户需求，因此，用户关系管理的过程必须寻求图书馆外部的协助，参与阅读推广的核心用户则是最佳战略推广伙伴人选。

与核心用户建立战略伙伴关系，使核心用户参与到关系管理的过程中来，更有利于激发用户自信心与能动力。充分运用其本身的知识与资源，从参与者的角度全面、客观地观察和挖掘用户深度阅读需求，有效填补推广人员的"视角盲区"。核心用户在阅读用户团

体中处于人际关系的中心位置，对其他成员有较为权威的影响力，大多数用户愿意与之保持阅读的同步交流与合作，双方在阅读情感上更容易产生共鸣，这使核心用户能通过自身的行为，表达阅读的需求、愿望、感受与信念，激发他人的积极回应，感染环境中的每个人，形成强有力的情感凝聚力，从而使关系管理的边界得以拓宽、管理服务得以深化、管理策略得以完善。

战略伙伴关系联盟的核心在于建立核心用户与图书馆相互间的信任与合作。推广人员可对参与活动中的积极用户给予重点关注，在了解他们个性特点与专业特长的基础上，选择具有影响力的用户作为推广伙伴，征询他们参与用户管理的意愿，告知他们建立战略伙伴关系的重要性，表达对他们参与的感激与建立关系的诚挚之心，使建立伙伴关系的用户感受到推广人员的尊重与信任。其次，充分发挥伙伴用户的作用，无论在用户数据收集、用户特征分析，还是阅读资源选择与阅读服务开展的过程中，与其紧密合作、共同协商、相互支持，让核心用户拥有更多的话语权，激发其推广的积极性、创造性与能动性，通过不同的角度与渠道，开展多向传播，宣传阅读信息，分享阅读体验，收集阅读反馈，吸引更多潜在用户，从而通过相互依赖、相互促进的伙伴合作关系，创设开放包容的推广氛围，将阅读价值进行更高效的传递与延伸。

4. 提供极致阅读体验，培育用户忠诚度

创造推广服务的极致点，为用户提供能够超越他们预期的服务，让他们在享受满意服务的同时，触动内心情感，获取阅读的惊喜，从而拉近与图书馆的距离，增加用户对图书馆的黏性，与推广活动形成更紧密的关联。

以用户为核心，聚焦用户注意力，将现实服务与虚拟平台结合起来，创新阅读方式与活动，不断地刺激用户的需求，保持参与的新鲜感。推广活动的内容要与用户需求具有高度关联性，配合使用阅读音频、视频、图片、文本等不同的推广方式，并且围绕阅读反思、理解、发现、整合、构建、创新、应用等环节增强用户阅读极致体验，获取更深度的阅读知识，进而增强参与度与活跃度。注重用户内心情感的体验，创造真实的阅读意境，让用户在和谐的阅读氛围中深化阅读感知与想象的过程，在潜移默化中体验作者的感情，强化感染，促进用户实现阅读情感的内化与升华；鼓励用户将阅读内容与生活经历联系起来，开展阅读体验分享与反思，使用户在阅读的精神领域达成"共振共鸣"的情感境界。

用户在获取极致服务中，实现了阅读知识与情感的双重价值提升，这将有利于用户从服务发现到推广支持、从丰富体验到价值增值的过程中，循序渐进地培育起与图书馆的深厚感情，实现对活动的重视与依赖，从而以不同的形式关注、参与、传播推广活动，建立长久、稳定的关系联结。

通过各种路径维护阅读用户，不断地创造、建立和保持持续性的阅读交流，维系与促进图书馆与用户的关系，使图书馆与用户之间的关系强度、广度与深度都发生显著积极的变化。用户在阅读推广活动中的阅读需求与体验通过用户关系管理实现全面的覆盖，便于图书馆针对用户的需求与体验形成用户个体的阅读全景视图，从而减少与消除依靠单一信息反馈而造成的用户阅读信息缺口、阅读信息冲突与阅读信息不对称，实现对用户的有效

管理。在持续的互动中，开展深层次、个性化的推广，让用户能顺利地获取到所需要的服务，提高阅读满意度。

6.2　阅读推广服务的推广人员管理

前面的研究指出：在阅读推广实践中，参与推广服务的人员其服务知识与能力、态度与情绪都直接影响到用户阅读的满意程度。推广人员是影响推广质量的重要因素之一，它直接决定着推广的成败，因此，对推广人员开展管理，调动推广人员的积极性，发挥其潜能，高质量、高效率地提供用户满意的阅读服务，是图书馆阅读推广质量管理工作中不可忽视的重要部分。

随着信息技术与互联网的不断发展与变革，用户的阅读环境、阅读理念、阅读行为都发生了深刻的变化，推广人员必须顺应阅读发展变革的趋势，因势而谋、应势而动、顺势而为地寻求推广服务的变革，使之与变化的用户需求相匹配，不断满足甚至超越用户需求，提升阅读推广服务质量。但在现实的推广实践中，往往存在这样的困境：由于推广人员面对着线上线下融合互通的阅读环境，面对用户差异化、个性化的阅读需求，面对包罗万象的阅读平台，推广人员或多或少会感到服务的压力，这在推广人员的内心深处表现为对服务工作的焦虑、不安甚至是恐惧，而在行为上则表现为服务的拖延、冷漠、抵触等，在这种情况下，谈不上提供真正优质的阅读服务，更谈不上图书馆推广服务长期、持续发展。

对图书馆推广人员开展管理，旨在将推广服务目标与人员个体专业发展相结合，运用适当的策略与方法有效地消除推广人员服务中的不良情绪，激发推广人员的服务积极性，开发其最大的潜能，保质保量完成推广服务，使推广服务实现良性持续发展，同时也使员工在服务中得以持续成长，实现组织与员工共赢的局面。

6.2.1　阅读推广人员应具备的专业素质

就职业特征而言，推广人员是图书馆开展阅读服务的专业人员。既然是专业人员，这就决定了推广人员应具有丰富的推广知识、技能与理念，能按照一定推广标准进行专业推广活动，他们应具有以下的专业素质。

1. 正确的推广理念

阅读推广是一项社会服务活动，它提倡"以用户为中心"的服务理念，因此，在对待用户时，阅读推广人员必须具备"以人为本、热情奉献"的服务态度。尊重每一位用户，关心每一位用户，公正对待不同用户的阅读差异，不歧视、不讽刺、不挖苦任何用户。在与用户的阅读沟通与交流中，以理解、热忱、爱护、包容、耐心的心态服务用户，从而激发用户的阅读动机，培养用户的良好阅读习惯，促进用户在阅读中实现全面发展。

在对待推广工作时，推广人员要明确自身所扮演的角色。推广人员不是用户学习的领导者、指挥者、包办者，而应该是阅读活动的策划者、阅读内容的组织者、阅读环境的搭建者，是用户阅读过程的管理者、协同者与引导者，是阅读服务的评价者与改进者。在推广活动中真正赋予用户充分的民主，以引导、启发、促进用户深度投入阅读，实现用户全面发展。

在对待自我发展方面，一方面，推广人员应该树立正确的发展观，认清时代发展的规律，意识到推广服务不断变化的必然性，不固步自封、不因循守旧，具备终身学习的思维，不断地提升自我，以求适应复杂、变化的推广服务环境。另一方面，在具体的推广实践中，强调服务的创新，因为任何优秀的推广模式都不能一劳永逸，应随着不同的用户、不同的环境、不同的目标不断变化。推广人员必须具备创新的服务精神，不断地开拓创新，优化服务，确保阅读推广服务质量的稳步提升。

2. 多样的推广知识

推广人员必须具备渊博、多样的推广知识，才能在推广服务时提供令人信服的优质服务。渊博的推广知识包括丰富的学科知识、推广理论与服务经验。

推广服务涉及多学科的资源推广，这些资源内容涉及五洲四海、古今中外，推广人员作为阅读的引导者，则必须具备丰富的、多学科的知识积淀，这样才能在推广设计中，建立起全面、系统的阅读图谱，帮助用户从浅层次的涉猎转变为在阅读过程中深层次的思考与知识构建，为用户的知识创新打下基础。

推广服务是一项专业化服务，其中包含着丰富的专业知识。这包括：用户阅读心理知识，推广人员应懂得心理学的相关理论，有利于正确理解用户的阅读心理与状态，能因势利导地激发用户的阅读动机，提升用户的阅读效率，使推广服务日益完善、规范；用户阅读行为知识，推广人员应理解用户行为与用户满意度的关系，能在活动的某个时机，推动用户进行某项行为，促进用户深层次的阅读；推广策略的知识，推广人员应具有正确解决推广问题的相关理论，能在推广具体实践中，综合各种因素，使服务形成一个有效的整体，发挥最大的推广效应。

推广服务经验也是推广知识的一种，拥有这种经验，能对推广的一些问题具有预见性，能有效地进行前期干预。例如：能指出哪些内容用户容易理解或误解，哪些内容在横向或纵向上具备组织结构关系，哪些阅读内容应给用户相关的支持引导，哪些阅读知识对用户来说最具阅读价值等。

3. 复杂的推广技能

有了推广知识，推广人员还需要通过推广技能创造性地完成既定的推广任务，这些技能包括以下几个方面。

设计能力。阅读推广是系统化的过程，它包含多个环节与要素。推广人员必须具备设计的思维与能力，将推广各要素、各环节协调配合起来，开展优化组合，使之相得益彰，发挥"整体大于部分之和"的整体效益。阅读推广服务中的设计能力包括：与用户交互的能力、用户需求挖掘与分析能力、目标制订能力、推广流程的策划能力等。

组织能力。在推广服务中，需要推广人员引导、控制、激励、协调用户的阅读，使服务环环相扣，融入阅读过程，形成规范。服务中的组织能力具体包括：协调能力、沟通能力、合作能力、授权能力、冲突处理能力、激励能力等。

评价能力。推广人员的评价能力既包括对整体服务的质量评价、对用户的参与评价，也包括推广人员的自我评价。对整体服务的评价是对整个活动的设计、策划、组织、管理开展评价，评估活动的效果与效率。对用户的参与评价是分析考察用户在参与活动中的行为与体验，评估用户在参与阅读推广活动中获取的价值。对自我评价主要表现在推广人员对自身的服务表现开展的自我监督、自我剖析与自我改进。

6.2.2　推广人员专业素养提升的途径

在现实的推广实践中，推广人员跟不上阅读服务变化节奏时，将直接影响阅读的服务质量，造成用户的不满。因此，在开展推广人员管理时，图书馆应该与推广人员共同制订最行之有效的个人发展计划，使推广人员在实现自我专业发展的同时，满足图书馆对人员的需求，实现个人与组织的双赢。

推广人员的专业化发展并非一种静止状态，而是一个持续的、不断提升的过程，需要通过多渠道、多方位的努力进行提升。专业素养提升的途径有以下方式。

1. 建立推广人员"阅读推广"的职业情感

角色认同是角色扮演和实践的关键(陆士桢，2006)。只有推广人员对"阅读推广者"这一新的角色认可并接受，才可能全身心参与阅读活动。在推广活动开展之初，图书馆管理层应对推广人员就阅读推广的作用开展宣传与沟通工作，使推广人员能正确、全面认识阅读推广对传承文明、弘扬道德的重要意义；同时深刻理解推广服务与自身工作息息相关、密不可分的关系，理解推广服务对自我专业的持续发展的重要作用，从而使推广人员在情感上去认同它、接纳它，产生职业认同感。此外，管理层要鼓励推广人员参与并融入推广活动，进而通过各种形式对推广人员履行推广服务的行为进行肯定与褒扬，使推广人员对从事推广活动产生荣誉感与成就感，感受到从事这份职业的光荣与自豪，体会到开展阅读推广活动的快乐与幸福，在内心深处实现自我价值的肯定，增强正面积极的情感因素，随之而产生的持久工作动力将使推广人员在履行推广职责时认真尽责、心无旁骛。

2. 制订科学、合理的推广考核标准

图书馆管理层需要考虑对推广人员在阅读推广工作中的绩效开展考核。一方面，通过考核使推广人员明确自身推广工作的优劣程度，能对比他人的服务状态，查找出自身的不足之处。另一方面，通过考核的激励作用，使推广工作与员工本身的工资、奖金等物质利益联系起来，能有效激发推广人员从事阅读推广工作的积极性。

在推广考核标准的制订过程中，首先要区分推广工作专职与兼职岗位，明确其不同的工作目标和职责范围，制订标准时，充分考虑其工作性质、工作内容、工作模式的差异性，制订不同的考核细则。其次，客观公正的考核内容应包括：推广工作态度(主动性、合作性、敬业性、创新性)、工作能力(组织能力、协调能力、沟通能力)、工作效率、工作绩

效等。指标要尽可能数量化、行为化，要真正体现"多劳多得""优劳优酬"的分配理念，充分调动推广人员在推广活动中的主观能动性与创造性。标准还应具有适度性，既要避免过低的工作要求造成馆员对推广工作得过且过的思想，又要避免过高的工作要求使人员产生工作焦虑。

3. 重视推广人员的知识与能力发展

随着大众的阅读需求与习惯正不断发生着改变，阅读推广工作也要适应发展的趋势，不断地更新推广思维与理念、创新推广模式与方法。因此，作为"阅读推广者"，推广人员在不断发展变化的推广活动中不可避免地面临知识、技能的欠缺。这就需要图书馆管理层充分重视推广人员在从事阅读推广时的能力发展，为推广人员提供发展性培训与教育活动，从而帮助推广人员改善自我，从知识技能这一层面满足"阅读推广者"的角色需求，帮助他们获取职业上的成长与发展。管理者需要明确推广人员在推广活动中应具备的知识与技能，参照推广人员个人的情况，梳理出不同人员在推广工作中的瓶颈，查找出其个人欠缺的知识与技能，协同其制订改进的目标与期望，有的放矢地寻求提升途径。

鼓励推广人员通过阅读与自学，丰富自身文化底蕴与人文素养，在日积月累的阅读与学习过程中，完善自身的知识结构，掌握富于时代特点的思想信息和科技信息，扩宽视野，成为学识渊博、实践丰富的阅读引导人。鼓励推广人员通过开展知识检索、参与学术论坛，掌握国内外推广服务发展的趋势及研究前沿，引入先进的理念与技术，创新性地开展服务探索。

促进推广人员的自我反思。鼓励推广人员在每一次推广活动结束后，自觉回顾推广的过程细节，思考、审视自身在投入服务时的思想状态、态度行为、人际关系、个人成长等方面是否存在不足，通过自我剖析、自我批判，总结、弥补存在的不足，从而实现自我的不断完善。推广人员的反思必须具有正确的方法，首先，可以通过整理推广活动开展反思，将发生的事件作为中介载体，对事件进行解释与批判，以寻找更加完善的思路与方案。其次，还可以与其他参与服务的同事开展对话反思，了解别人对自己工作的看法与意见，从而从不同的角度，感受自己的服务，判断个人的服务价值。

当某一知识或技能的欠缺属于极个别人员的特征时，可以考虑安排推广人员个体参加相应的培训与进修，或鼓励推广人员通过网络公开课(如 MOOC)获取相应的网络课程，就个人所需知识开展高效、持续培训；当整个推广团体都欠缺某一知识或技能时，可以安排专家进行团体性讲座、授课。与此同时，还可以组织推广人员开展互学，在工作中通过沟通交流、互学互助，使知识得以更新与补充，技能得以拓展与提高。

4. 创建高绩效的推广团队

阅读推广活动涉及方方面面的内容，这就注定推广活动绝不可能是推广人员自身单一个体的行为，它需要一个强大的团队来参与和支持，需要团队成员共同协作努力，达成推广使命。管理层首先要制订出符合自身团队发展要求的推广目标，并准确、清晰地告知推广团队中的每一位成员，以期团队中的成员统一思想、达成共识，建立起共同的推广愿景，让团队更具使命感、目标感。其次，需要明确每个成员在项目团队中的角色与职责，确保各司其职，各尽其责，保障推广工作的顺利进行。在甄选团队成员时，管理者除了要考虑每个人的教育背景、工作经验外，还需考虑其兴趣爱好、个性特征以及年龄、性别的搭配，确保推广团队队员优势互补、人尽其才。另一方面，每个成员工作方式不同，性格迥异，加之推广工作的复杂性、多样性，有可能造成合作的矛盾与关系的冲突。因此管理层需要帮助团队搭建诚挚沟通、相互信任、相互依赖的工作氛围，建立相互支持、相互理解的工作环境，提供解决问题与矛盾的方法，并不断完善工作分工和决策机制，鼓励团队中的成员共同解决问题，共同决策合作。

6.3 阅读推广服务的志愿者管理

社会力量的积极参与，群策群力是全民阅读推广活动的坚实基础与重要保障。《全民阅读"十三五"时期发展规划》指出：鼓励和吸引社会力量建设全民阅读公共设施、提供全民阅读服务。鼓励和支持公务员、教师、新闻出版工作者、大学生等加入阅读推广人队伍，定期培训，提升阅读推广人队伍的整体素质和服务能力。

阅读推广志愿者的参与能大大减轻专职推广人员工作的强度，同时也能有效弥补推广人员的专业知识或技能的不足，是推广人员重要的人力资源补充。不同专业领域的志愿者的加入，能拓展推广服务中的阅读资源、工具、方法，能更深入地反映出不同类型用户的阅读需求与问题，能更客观、科学地提出具有建设性的推广意见与建议。阅读志愿者的参与对专业的推广人员来讲，更是一种心灵的鼓励与鞭策。毋庸置疑，志愿者将逐渐成为阅读推广队伍中不可或缺的组成部分。

当前，许多图书馆已充分意识到志愿者参与阅读推广服务的重要性，并在搭建阅读志愿服务平台，招募、培训、评价志愿者，研究志愿服务的运作模式等方面进行实践探索。尽管志愿者参与阅读推广服务已取得了较为显著的成效，但推广组织人员也不得不面对一个现实：相对于其他正式推广人员，阅读推广志愿工作更具有公益性、无偿性的特征，在没有现实条件约束的情况下，志愿者参与阅读推广行为的持续性与深度性都存在着问题，并在一定程度上影响到志愿者推广服务工作的优势发挥(丁振伟，2015)。对阅读志愿者开展管理，能有效挖掘阅读推广志愿者的潜力，激发其参与推广的活力与效率，在推广服务过程中形成人力资源互补，使推广团体资源效益发挥到最大，形成更强大的凝聚力，推动推广服务的深化发展。

为了保障推广志愿者能快速融入阅读推广服务中，图书馆需要按照服务质量管理的原则和方法，从以下几个方面开展管理。

1. 开展志愿者参与动机管理

阅读推广志愿者参与推广服务虽然不寻求物质报酬，但在参与服务时，也有自己的所"需"所"求"。通过开展参与动机管理，力求激发和维持志愿者内在的良好服务心理，推动志愿者个体深入、持续地参与阅读推广服务。

阅读推广志愿者参与服务的动机有以下几个方面。

(1)自我发展动机。志愿者参与服务的动机表现为体验不同的生活、锻炼自己的能力、扩展视野、证明自身存在的价值与意义等。

(2)社会交往动机。这种动机是为了增强社会关系，它表现为扩展社交的机会与空间。

(3)社会认同动机。获取社会赞美与认可，获取更好的声誉，从而带来心灵的满足。

(4)质量控制动机。这种动机是一种社会责任动机，是志愿者出于对推广服务的责任而产生的一种内部驱力(郝宁和汤梦颖，2017)，它表现为对推广团队做贡献、提升推广服务质量等。

(5)社会遵从动机。这种动机"受好友、同伴的行为激励""受父母、亲友的影响"(张泸月等，2017)。

志愿者动机管理可以首先采用宣传的方式，向大众宣传参与阅读推广志愿服务的深刻意义，坚定志愿者参与的信念，促进志愿者明确努力的方向，提升自身的志愿服务思想。其次，可以通过设立志愿者档案，加强志愿者个体信息的获取与管理，围绕不同志愿者差异化的参与动机，科学、灵活地考虑不同的推广志愿者参与阅读推广服务的不同环节，在推广过程中，充分满足个体参与服务活动的动机，使其体验到推广志愿服务的成就感与满足感，从而与推广服务人员形成相互促进的良性互动，实现志愿者个体与推广服务的双赢局面。如：对待有自我发展动机的志愿者，可以安排其参与阅读内容的设计环节，促进其学习、记忆、解决问题、语言技能、抽象思维等多元认知能力得到极大发展；对待有社会交往动机的志愿者，可以安排其参与用户关系管理，在与阅读用户不断的交流互动中，扩展个体社交网络；对待有质量控制动机的志愿者，则可以安排其参与服务后期的满意度测评，在推广服务不断改进、质量不断提升的过程中，丰富与深化其内心责任感，正向激励其服务行为。

2. 开展志愿者培训管理

培训初期，图书馆应帮助志愿者正确理解阅读推广服务的宗旨与使命，深入了解参与阅读推广服务的含义与重大意义，提升服务的荣誉感与使命感。通过优秀志愿者服务心得分享、参观推广前期成果等方式，帮助志愿者对所投入的活动更具理性和感性的深层次认识，增强服务的理念与意识，有效避免志愿者在参与服务时发现活动不符合自己的想象而产生埋怨、退缩与放弃。其次，对志愿者的阅读推广常规技能开展培训。同推广人员一样，志愿者参与阅读服务，也需要具备推广的知识与技能。志愿者可以在充分了解服务工作内容与性质的基础上，根据自己优势与特长，选择某一类型的服务，进而对比这种服务需要的专业知识与技能，选择不同的专业化培训，着重提升自身的通用礼仪、沟通技巧、目标管理、执行能力等方面的能力，减少在后期服务中的困难与阻碍，从而感受到志愿参与的乐趣与成就。最后，由于推广服务是一系列严谨、科学的活动，因此，还需要对志愿者就服务的途径与方法开展正规培训与引导，以提升志愿者服务的效率。

3. 开展志愿者激励管理

首先，在志愿者完成服务后，图书馆可以在公开的场合或平台发布信息，强调志愿者的参与和贡献，使志愿者感受到自己的付出产生了积极的作用，得到了他人、团队、社会的认可与肯定，满足志愿者自我实现的需求，激励志愿者更持久的参与行为。其次，图书馆可以通过构建团队合作，促进志愿者在服务活动的紧密往来中相互依赖、相互支持、相互影响，有效规范其服务态度。图书馆应提供协同服务的平台，鼓励志愿者开展合作服务，在共同服务中，相互学习、相互探讨，收获彼此的支持与帮助，通过团队激励的方式构建起志愿者的认同感与成就感，从而促进其自觉地践行推广服务。此外，还可以选择合适的精神与物质激励方式，如利用颁发志愿者证书、提升阅读用户等级等精神满足法，提高用户的参与感和荣誉感，满足用户心底最深处的渴望；或满足用户一定的利益诉求，给予用户一定的物质奖励或阅读优惠。

4. 开展志愿者融合性管理

图书馆应鼓励馆内、馆外的相关组织成员参与阅读志愿服务，如馆内的阅读协会成员、志愿者服务团队成员，馆外的专业领域专家、活动组织专家等。与志愿者保持长期稳定的沟通，了解志愿者服务的动态及其在参与服务时存在的问题与困难，帮助志愿者不断清晰界定任务，引导志愿者适应岗位角色，履行服务职能与使命。注重对志愿者团队的文化建设，倡导志愿者团队成员具备共同服务理念、规范和价值观，形成共同的服务目标和理想。在具有强大的团队凝聚力和向心力的基础上，使志愿者感受到团队归属感，能将自己的行为看成团队的一个组成部分，个人自觉遵循团体信念，受团体目标的约束，积极地维持和扩展参与行为，步调一致地参与推广服务。

6.4　本　章　小　结

基于用户满意度提升阅读推广服务质量需要对推广过程中的人及服务流程开展有效管理。本章着重阐述了图书馆基于用户满意度的阅读推广质量管理中对人员的管理，这包括对用户开展关系管理，对推广人员与志愿者开展人员管理。对用户开展关系管理的目的在于创新阅读推广的管理模式，通过向用户提供交互式、反馈式的服务，优化推广流程，提升用户满意度。对推广人员与志愿者开展管理，有利于调动服务人员的积极性，发挥其潜能，高质量、高效率地提供用户满意的阅读服务。

第7章 基于用户满意度的阅读服务
质量管理模型构建

基于用户满意度的阅读服务质量管理既需要推广理念、思维的转换，更需要可以实际应用操作的有效管理模型。阅读推广质量管理模型，是在推广理论指导下建立的比较稳定的推广质量管理流程，它有助于对复杂的阅读推广质量管理过程作简要的表述，是一种可行的、具有参考运用价值的完整管理体系。管理模型的建立，体现出阅读推广的管理理念、方法、制度、工具与程序，是科学化管理行为的体系结构。利用阅读推广质量管理模型构建一个以用户为中心，能够不断修正、自我调节、随机应变的智慧型推广流程，帮助发现和解决推广过程中出现的问题，规范管理手段，完善管理机制，实现既定阅读推广目标，提高推广服务效率，解决推广过程中常见的问题与挑战，对图书馆推广服务的实际开展有着战略指导作用。

阅读推广活动是一种服务活动，是一种无形的动态互动过程(Gronroos, 1998)。不同于以实物形式存在的产品，阅读推广质量的优劣取决于满足用户阅读需求的程度。在阅读推广开展前，用户很难对推广做到事前感知，只能通过他人的介绍初步判断服务质量，从而产生初始期望，但这种期望往往与在获取服务时的价值感知有较大的差距，容易影响用户满意度。其次，推广是服务的提供与消费并行开展的过程，较难对服务开展实时监控与干预，容易导致推广质量问题的出现，影响用户满意度。因此，要保证图书馆推广服务质量则必须基于阅读推广的服务流程，做好服务前期、中期、后期的质量控制，发现并满足用户任一阶段的合理需求，从而实现服务质量的有效提升。前面章节研究得出：用户阅读需求预期及用户在阅读过程中的感知价值决定用户阅读满意度。而用户在阅读推广服务中的感知价值受到服务过程中阅读设计、推广支持、阅读环境等因素的影响。因此，基于用户满意度的阅读推广服务质量管理模型应围绕以上因素构建，建立高效的质量管理流程，切实提升阅读推广服务质量及用户满意度。

图书馆传统的阅读推广模式是推广人员在制订好推广方案后，邀请用户参与，按照方案的设计向用户统一推送阅读资源后，组织其参与阅读交流、分享、反思活动。整个过程由推广人员主导，用户被动参与，忽视了用户在阅读过程中的差异性，这必将抑制用户参与的主动性和积极性，更难以实现用户阅读需求的高效满足。研究基于服务质量理论与前期研究结果，结合图书馆当前所处的智能阅读环境，提出基于用户满意度的阅读推广服务质量管理模型，如图7-1所示。

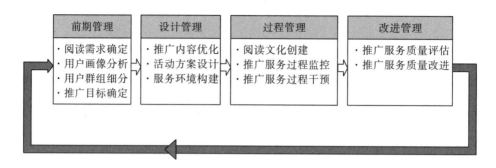

图 7-1   阅读推广服务质量管理模型

从图 7-1 可以看出，基于用户满意度的推广质量管理模型由四个大的阶段、十二个环节构成一个闭合、循环的整体流程，各阶段、各环节依次交替、循环往复，每个环节都采取了相应的技术措施或管理措施来确保推广服务能满足用户需求，尽可能消除推广过程中所有阶段引起的低质量、不满意的因素，是一个连续不断的质量提升过程，为全面支持用户在阅读中超越自我、拓展能力、获取成功经验提供了实现途径。此外，质量管理模型将先进的信息技术与"以人为本"的理念充分融合，真正构建起智慧型推广的模式，引领全面升级的阅读服务。"阅读需求确定""用户画像分析""用户群组细分"均展示出理解用户、尊重用户、服务用户的管理理念，"用户画像分析""服务环境构建""推广服务过程监控"则体现出相关信息技术在质量管理过程中的支撑作用。"以人为本、技术支撑"的推广思想势必为用户提供更先进、更优质的阅读服务，高效满足甚至超越用户的阅读需求，使用户感到满意。

7.1   阅读推广服务的前期管理

图书馆推广服务的第一个任务就是要从用户的视角，准确地理解用户的阅读需求，这是保障阅读推广服务成功的必要条件。在实际的阅读推广中，用户的需求往往是模糊的、隐藏的、不明确的，甚至有些用户并没有阅读的需求。因此，如何激发、挖掘、展示用户的阅读需求，是推广服务设计、实施的先决条件。前期管理的开展是解决质量管理目标体系中服务差距 1 与差距 4 的有效途径。

7.1.1   阅读需求确定

在现实生活中，当一种服务对用户有益处，能够解决用户面临的问题时，用户就会接受它。若用户从自身的视角无法正确理解、意识到服务的价值，再优异、再高效的服务都不可能被用户所需求。图书馆阅读推广服务的第一核心要义应该是贴近用户本身，从他们的视角观察他们的状况，包括不同用户的阅读焦虑、阅读问题、阅读内在动机等，考虑是否能采用阅读服务来解决他们的问题，使用户感受到阅读的重要性及自身对阅读的需求，调动起用户对阅读的积极性。

因此，在阅读服务开展前期，图书馆应在明白用户当前阅读状态的基础上，清晰认识到自身的资源、优势和能力，发挥自己的特色，扬长避短，创新性地运用阅读服务解决用户的问题，使用户真心喜欢服务，主动参与进来，甚至在参与过程中接受服务存在的缺陷与问题。

为此，推广人员应有意识、有目的地向明确的或潜在的用户宣传参与阅读活动对其自身的重要意义，如阅读活动能给他们带来哪些价值、体验、变化，阅读活动对当前自己面临的或待解决的问题有怎样的作用，推广过程中图书馆会采用怎样的服务方式帮助用户实现阅读目标等，使用户意识到阅读活动的参与与自己紧密相关，从而增加其与图书馆之间的黏性，加深图书馆在其心目中的知名度。当然，对用户开展宣传并不意味着虚假与夸张，在前期所提到的基于用户满意度的推广质量管理目标体系需要解决的差距 4，即图书馆对用户的承诺与服务实际绩效之间的差距，充分说明了图书馆阅读推广宣传必须切合实际，否则就会严重影响用户满意度，带给用户负面的印象，给图书馆的声誉带来毁灭性的打击。

7.1.2　用户画像分析

用户的阅读水平与能力是否被正确认识、阅读需求是否被准确描述、推广的方法与途径是否顾及用户的阅读习惯差异等都将直接影响到推广的质量，从而影响用户的阅读满意度。构建标签化的用户画像，能深刻掌握用户当前的阅读现状，客观细致地揭示用户阅读背后真正的心理需求与阅读偏好，深度洞察用户心理层面对阅读的价值倾向与动机，为服务后期有的放矢地开展个性化服务、满足用户需求提供极具价值的信息。

阅读用户画像，即通过对用户阅读的特征、习惯、历史等大数据开展分析，抽象出一个标签化的用户模型。它能为推广人员提供一种全新的用户洞察路径。利用用户画像丰富的标签体系能对用户的阅读行为做出全方位的解读，从而帮助推广人员通过分析用户阅读行为与态度的相关关系，更深层次地认识和理解用户，捕捉用户的真实需求，较为准确地判断用户以后的阅读趋向，并提出针对性的服务方法。

阅读用户画像涉及多维度的用户阅读数据，包括以下几个方面的内容。

(1)用户的基本社会属性。用户的姓名、年龄、性别、住址、受教育程度等静态人口特征。这部分信息与阅读推广服务过程没有直接联系，但在质量管理中，其数据信息是用户个人的标识。

(2)用户的阅读能力。如用户阅读的认知能力、阅读态度、阅读动机、阅读效率、阅读活跃程度等阅读背景数据。这部分数据能帮助了解用户阅读的起点与能力，是挖掘用户潜在的阅读需求、锁定用户目标群体的重要信息。

(3)用户的阅读兴趣。包括用户的阅读风格、阅读内容偏好、阅读历史、阅读时间等数据。这部分数据是用户特定阅读资源偏向信息，是实现质量管理个性化服务的基础和核心，收集好这部分数据，是开展差异性阅读服务的前提。

(4)用户的阅读途径。指用户通过哪种形式开展阅读，包括阅读的平台、工具、使用媒体等数据。这部分数据是用户特定的阅读途径偏向信息，对选择个性化的服务策略起到参考作用。

(5)阅读的人际关系。包括用户在阅读活动中与他人的讨论程度、阅读伙伴群体、用户与他人开展的阅读评价等社交属性数据。

(6)阅读的地理位置。如用户在图书馆阅读、浏览、搜索、借阅、购买、下载文献的区域等地理属性数据。这部分数据能显示出用户的偏好阅读环境，是确定活动开展方式与环境的重要依据。

(7)阅读结果数据。用户在阅读后获得的体验、知识、技能、情感转变等，还包括阅读认同、意见、抱怨等数据。

丰富的用户原始阅读数据来源，为构建精准用户画像标签提供了保障。对阅读用户进行画像的方法，可以通过定性画像与定量画像相结合的方式进行用户阅读数据抽取。对用户开展定性访谈或问卷调研，通过结构化处理，了解用户的人口属性与阅读兴趣特征；也可通过图书馆本身或书店等实体场所中用户的借阅、查询或购买记录定量收集用户阅读偏好数据信息；还可以借助智能挖掘技术，提取用户在网络阅读平台、社交媒体、自媒体中的阅读行为日志数据、内容推荐数据、阅读态度数据、阅读关联关系数据、阅读情绪数据，以及阅读抱怨、投诉数据等各类定量信息。

在提取了用户阅读数据后，应对原数据进行过滤、清洗与集成，实现对用户个人阅读数据的有效管理(王曰芬等，2007)。其后，运用聚类计算与相似度计算方法，建立用户阅读画像标签。"用户阅读画像"中，除人口统计特征比较稳定外，其他阅读数据受阅读环境、时间、情景、人物的影响，可能发生动态的变化，这就决定了在对"用户阅读画像"开展勾勒时，还要具有动态更新机制，重点关注在阅读推广前、推广中、推广后用户相关个体数据的收集，通过"用户关系管理"对变动的阅读数据进行实时跟踪，不断更正完善"用户阅读画像"，以使其具备时效性，能为精确预测用户后期行为提供保障。

用户相关阅读数据的有效管理，能为科学化的服务管理提供有效的数据支撑。在已有用户阅读画像标签的基础上，图书馆能够清楚地了解用户阅读需求动向与阅读行为的一个演变过程，判定用户的阅读需求与阅读期望，对用户阅读行为倾向开展预测，继而有针对性地开展服务设计，构架服务方案，实现精准化、个性化的阅读推广服务，使服务真正最大限度地契合用户的阅读需求，为用户提供最佳的阅读体验，实现优质高效服务，提升用户满意度。

7.1.3 用户群组细分

在推广服务中，推广人员若能站在用户的角度，精准把握其阅读需求与心理，对服务形式与活动进行有针对性的设计与规划，让阅读推广服务最大限度地契合用户的实际阅读需求，将能获得用户的认同，提升用户满意度。在现实的推广情境中，阅读用户群体庞大，用户个体画像各不相同。用户阅读能力、态度、行为、经验、价值等多维度个体化差异决定了任何一项推广服务都难以完全满足所有用户的需求，用户的需求满足呈现差异性。因此，开展差异化的阅读推广服务的优势与核心价值就凸显出来了。

为了满足多样化、异质性的阅读需求，图书馆在开展推广服务时，需要充分重视用户群组细分，尽可能将具有相似阅读起点、阅读特征、阅读障碍的用户划归为同一群组，针对其相似的阅读需求，集中推送资源，制定科学的推广策略，提供量身定制的推广服务，从而通过细化程度较高的差异化服务在规模化阅读推广中实现推广个性化，这样能有效避免当前一部分阅读推广中存在的盲目推广策划与实施、狂轰滥炸的阅读内容推送、单一枯燥的服务方式等问题，从而让不同阅读特征的用户领略到推广服务的不同内容与形式，提升推广效率与质量，增强用户满意度。另外，细分后用户群组中用户相似的阅读需求有利于成员间建立起信任感与沟通意识，从而快速拉近彼此间的关系，畅所欲言地对阅读问题开展讨论与探索，通过相互影响与相互作用，规范阅读行为，深化阅读认知，改善阅读绩效（张泸月，2016）。

在具体开展用户细分时，通过对"用户阅读画像"信息的综合掌握，推广人员能快速分析、辨识出不同用户的阅读喜好、优势、需求、心理、动机、障碍等相关阅读属性。根据实际需要，拟定用户群组细分的方法、形式和具体变量。其后，利用合适的算法或模型对用户进行相似度计算，找出有明显差异的细分用户，将相似度较高的用户组建在同一群组，从而获取具有相同阅读共性的阅读用户群组。

在选择用户群组细分方法时，可以根据用户的地理、人口统计、心理和行为等具体变量开展分析，找出用户在这些因素上存在的明显差异，如表 7-1 所示。

表 7-1　用户阅读细分的相关变量

用户所处地理特征：

　　所处区域：南方、北方、西南、东北……

　　人口密度：一线、二线、三线城市，乡镇、农村、山村

　　气候特征：气候类型、气温、降水

用户人口统计特征：

　　性别：男、女

　　年龄：6 岁前、6～12 岁、12～18 岁、18～30 岁、30～60 岁、60 岁以上

　　年收入：无收入、2 万元以下、2 万～5 万元、5 万～10 万元、10 万～20 万元、20 万元以上

　　宗教：佛教、基督教、天主教、伊斯兰教……

　　职业：工人、农民、学生、教师、医生、专业技术人员、公务员、退休人员……

　　教育程度：小学或以下、初中、高中、大学、研究生及以上

　　民族：汉、回、满、壮……

用户阅读心理特征：

　　需要：迫切、一般、不需要

　　动机：成就动机、自我价值实现、需求动机、外部动机

　　态度：喜欢、热爱、反感、惧怕……

　　情绪：愉悦、轻松、积极、挫败、消极……

用户阅读行为特征：

续表

阅读时间：早晨、上午、中午、下午、傍晚、夜晚、凌晨	
阅读频率：频繁、较多、一般、极少	
阅读平台：纸质、手机、电子……	
内容偏好：人文传记、小说、漫画、专业文献、哲学、心理、生活……	
媒体偏好：图表、音频、视频、动画……	
阅读方式：独自阅读、同伴阅读、社交阅读、合作阅读……	
阅读活动的反馈：持续参与、退出、投诉、抱怨……	

用户所处地理特征会影响用户对阅读资源、阅读环境、阅读平台等的选择，对比高密度的城市地区，山村阅读多为纸质、独自阅读。极端气候地区，户外阅读的占比偏小。用户的阅读需求、期望和阅读行为多与用户人口特征密切相关，因此，人口特征成为最常用的用户细分基础。利用用户相似的阅读心理特征将其划分为同一组群，有利于引发用户群体情感共鸣，从而吸引其共同参与。利用用户的阅读行为变量对用户开展细分，能在遵循用户原有的阅读行为习惯的前提下，快速做出推广服务定位，是开展用户群组细分的最优方式。

通过阅读行为对用户开展细分是当前一种最优化的细分方式，它能通过分析目标群体的行为喜好，更加直接、更加透彻地看清用户的阅读需求，实现精准定位，继而通过定制个性化的内容与方式，明确地、有针对性地开展推广服务。但由于用户行为很难实现完整统计，且一些行为很难测量，这就决定了在现实推广服务中，可以综合运用多种用户细分变量进行用户细分。

7.1.4 推广目标确定

阅读推广目标是推广活动所要达到的预期结果和标准，是推广活动的出发点和归宿，它关系着推广内容的选择、推广策略的运用、推广效果的评判，是实施推广的前提和基础。因此，开展阅读推广活动前，图书馆必须首先确定推广目标。而推广目标的有效制订，则必须建立在明确推广对象的基础上。

在用户实现了有效的群组细分后，推广人员需要在群组间开展差异化的阅读推广服务，使不同群组的用户在推广活动中实现扬长避短，获得最佳阅读价值与体验。开展差异化的服务首先需要针对群组用户的共性特征，从用户群组的实际阅读情况出发，契合其阅读方式，有的放矢地制订推广服务目标。

推广服务的总体目标是刺激、创造、调动和激励用户的阅读动机。推广人员应首先帮助用户认识到阅读的重要性，理解阅读是人终身获取知识、经验的重要途径，是愉快生活、发展身心的有效方法，阅读能促进个人得到全面的发展和提高，满足发展变革中社会对个体新的需求，是个体积极适应社会发展与进步的有效举措，从而帮助用户树立正确的阅读理念，高效引发并维持阅读动机。在正确理解用户的阅读需求的基础上，通过设置恰当的推广分级目标，激发用户的阅读好奇心与求知欲，鼓舞用户在阅读过程中越来越具有激情，让他们能沉浸在阅读过程中，获取成功的阅读体验，深化学习动机，从而调动用户阅读的主动性与积极性，按照推广制订的分级目标管理有步骤地进行阅读，最终循序渐进地培养起用户良好的阅读心态。

推广服务分级目标是推广人员将用户在参与阅读服务后发生的变化做出明确、具体的表述。推广分级目标制订得是否准确清晰，一方面影响到用户的参与积极性。如果目标过高，用户会觉得太难则望而却步，降低参与度；如果将目标定得过低，用户会觉得无聊，是一种时间与精力的浪费，从而降低阅读兴趣。另一方面，推广目标制订得是否准确清晰，影响到推广过程的具体展开，并在很大程度上影响到推广服务质量和效果。模糊笼统的推广目标将无法指导用户有条理、规范化地按要求完成阅读计划或任务，也无法提供与目标相匹配的阅读评判标准，将降低用户的阅读成就感，从而降低用户的满意度。

阅读推广分级目标的制订可以采用 SMART 目标管理原则。在订定阅读推广服务分级目标时，必须遵循 Specific、Measurable、Attainable、Relevant、Time-based 五个原则。

S（Specific）——明确性。要求阅读推广服务目标的表述要明确、具体、有针对性，避免笼统含糊，模棱两可。阅读推广的具体目标设定必须符合其推广宗旨，在推广活动中目标的制订必须反映出对用户知识、技能、情感、态度、价值观层面的提升，且对每一层面的目标还应明确其标准与层次，必须指出用户达到的最低绩效水平与最高绩效水平的标准。

M（Measurable）——衡量性。提出的推广目标尽可能具有观察性与测量性，从而在服务过程中，通过对目标的达成开展评价测量，证明用户的阅读表现及阅读效果。

A（Attainable）——可实现性。服务要面向用户，在设计推广目标时要考虑群组中每一位用户在参与推广活动后，能在原有知识、技能、情感的基础上有所发展、有所提高。因此，目标必须适合群组用户的实际能力，即对大部分阅读用户来说，目标都能达到。因此，阅读推广服务目标既要基于用户当前阅读的实际水平，又要超越用户的现有水平，使阅读目标指向用户更高层次的水平，这样推广目标才具有引导作用。

R（Relevant）——相关性。推广过程中，要重视每个阶段的阅读小目标的实现，同时也需要重视整体阅读活动中用户综合素养全面提升这一总的阅读目标的实现。小目标与总目标之间具备关联性。因此，在阐述推广小目标时，明确其与总目标之间的相关性，从而保证推广目标的浑然一体。

T（Time-based）——时限性。阅读推广过程中，不同阶段的阅读目标不同，应根据每个阶段的特点，界定目标达成的时间。目标有了时间的限制，可以使用户对自身的阅读安排起到合理引导作用。

诚然，推广关注的是用户的阅读，强调用户是阅读的主体，因此，阅读推广分级目标的制订绝不是推广人员片面、私下的决定与安排，阅读推广分级目标的制订不仅需要分析群体用户特征，还需要推广人员与群组用户共同讨论、共同协商，在认真听取用户对阅读目标的意见与建议后，双方共同拟定出推广目标，以使推广目标的制订更具针对性和实效性，从而保障用户积极主动地按照阅读分级目标有序开展阅读。

7.2 阅读推广服务的设计管理

目标用户群体现实的阅读现状(A)与推广目标(B)多存在落差。因此，图书馆需要通过开展阅读推广服务，帮助用户找到由 A 到 B 的达成路径(C)，如图7-2所示。

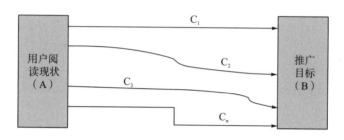

图7-2 用户阅读目标路径图

由图 7-2 可以看出，由用户阅读现状(A)到推广目标(B)的过程中，有多条达成路径(C)。由于用户间的差异，每个阅读群组都有不同的实现路径。阅读推广的设计管理是解决质量管理目标体系中服务差距2的有效途径，它根据不同群组用户的阅读特征，通过对阅读情境、活动、内容的最优化选择，找出最优化的达成路径，形成推广服务的路径方案，使用户与目标之间建立起适配的过程。建立差异化的设计管理是可持续推广的核心。

"读什么""怎么读""在哪读"是进行阅读推广设计管理的三个基本问题。"读什么"关注推广给用户的阅读内容，"怎么读"关注推广的方式与方法，而"在哪读"则关注推广环境。对这三个问题的具体分析有利于设计合理的服务方案，提升推广服务质量与用户满意度。

7.2.1 推广内容优化

信息化时代，阅读信息海量、庞杂，用户在面对繁杂的信息时，很容易陷入忙碌而无效的阅读中。在推广活动中，让用户自身找到足够的阅读资源开展阅读，不仅需要用户付出极高的时间成本，且找到的阅读资源质量也无法保障，这将会造成用户体验质量下滑。如何将与用户阅读需求密切相关的资源呈现在用户的面前，供用户自由、深入、系统地阅读，是推广服务需要解决的重要问题之一。因此，在确定了目标用户的需求后，作为阅读推广活动的重要载体——阅读内容，必须经过精心的设计，通过阅读资源的多样化、内容呈现的多媒体化、组织方式的非线性化、资源推送的个性化，使阅读推广内容实现最优化，符合用户的阅读期望，从而有效保障用户获取到丰富、个性、高效的，并与之个体需求相匹配的阅读资源，如图7-3所示。

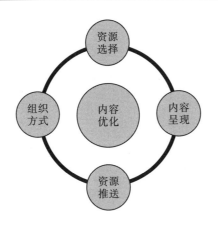

图 7-3　内容优化的主要组成部分

　　在推广内容的采集方面，需要注重对基础性、扩展性与生成性阅读资源的甄别与组合，形成某一内容的特色资源库。推广服务中，根据用户需求，阅读推广内容多为具体书籍或某一系列资料，它是阅读推广最基础的内容保障，为用户有效阅读的开展提供知识和能力等方面的基础性铺垫，是阅读用户必须阅读完成的内容。对用户来讲，基础性的阅读资源过于单薄与有限，完成最基础的阅读内容仅仅意味着达成了最低标准的阅读目标，要实现阅读的深入与系统还需要大量扩展性资源予以支撑与补充。图书馆应立足于丰富的馆藏书籍，将大量与阅读内容相关联的书籍衔接起来，拓展延伸用户的阅读视野，深化用户的阅读思考。拓展资源的选择不能盲目无度，必须以基础性资源为核心，以用户需求为依托，适当拓展。拓展资源可以是基础性阅读资源相关的写作历史、社会背景、人物介绍等，这类拓展资源可帮助用户对基础性资源有更深入的知识储备，丰富用户对基础性资源的感性认识；也可以是对基础性资源中提及的相关信息的解释、补充或运用，这类拓展资源与基础性资源互相渗透，互为补充，有助于用户深入理解阅读文本；还可以是围绕着同一阅读主题、知识的其他人文学科、自然学科知识，不同学科资源相互整合渗透、相互补充，有利于开阔用户的阅读视野，帮助用户从不同的角度全面看待问题，引导用户在深入开展分析、对照、评价的基础上，系统归纳、综合领会基础资源的知识，从而构建较为全面、完整的知识体系。此外，由于参与阅读活动的用户拥有不同的生活经历与学习背景，这决定了他们在阅读推广内容时，会产生不同的思考与感悟。充分挖掘用户自身的资源，将自身的知识与所阅读的内容资源结合起来，归纳出个人阅读的观点、意见、评论等，甚至创新出新的阅读内容、思想、知识。将以往阅读用户生成的创新性阅读内容保存起来，作为推广内容呈现、分享、展示出来，能使用户看到以往真实的阅读过程与体验，增强用户阅读的信心，促进用户的深入持久阅读，如图 7-4 所示。

　　完成了推广内容资源库的建立后，需要确定内容呈现的方式。单凭语言文字提供的阅读内容，受到用户自身知识、背景、阅历的限制，用户对其理解的效果参差不齐，差别较大。阅读内容的呈现方式若过于刻板，则不具有吸引力和亲和力，用户参与度不高。因此，根据推广目标的不同，如轻松娱乐性主题、奋斗励志类主题、严肃学术类主题、情感领悟类主题等，推广人员可以利用丰富的信息技术，遵循不同用户的心理特点，选择、创造出与阅读目标风格一致的、具有较强感染力的图片、表格、视频、音频、动画等载体，使阅读的语言、文字、符号等信息通过形象化、仿真化、可视化、趣味化的呈现方式，生动、直观地展示阅读内容的不同侧面，优化阅读情景，使用户如身临其境，丰富直接经验与感性认知，获取增倍的阅读体验，更容易对阅读内容产生独特的见解和更加透彻的深度分析，推动阅读知识与个人体验的有机统领，促进阅读知识真正转化为个人素养。

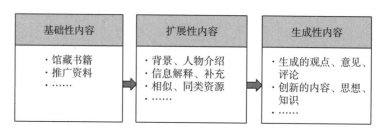

图 7-4　资源内容的具体构成

推广内容的丰富性及其呈现形式的多样化决定了推广内容决不能单一依靠纸质资源，而电子资源是重要的组成部分。不同于纸质资源的呈现方式，阅读电子资源有其特殊的组织方式。一方面，阅读电子资源可以通过资源的聚合，对大量良莠不齐、真假难辨的阅读资源进行系统地梳理与加工，区别出哪些资源对用户的阅读来说是核心、精华、有用、经典的，从而筛除烦琐、无用、过时的阅读资源，使组织优化后的阅读资源具备正确性与权威性。另一方面，即使是有用的阅读信息，也难免存在零散、琐碎、资源过载、同质的特征。推广人员应通过运用标签系统，尽可能将零散、浅层的阅读信息聚合起来，通过重新组织、管理与整合，使不同孤立、静止的资源之间建立起有效联系，进而成为联系紧密、纵横交错的阅读资源网络。这种非线性化的资源组织方式可以针对每一项内容优化搜索引擎，包括关键词、热门标签、内容链接、描述标记等，更快、更准确地编排与组合成用户所需求的内容，支持不同用户不同层次的阅读，使用户的阅读既能满足普适化的内容了解，也能满足专业化、精深化的研究。

推广内容在优化设计后，其关键、重要的阅读信息与内容还需要实现对用户个性化的推送，增加推广内容的曝光率。首先，推送的内容要与用户个体的需求息息相关。推广人员可以按照用户的个人兴趣和实际需求，利用信息过滤技术，开展基于内容的推荐。从内容资源库中沿不同的联结路径，选择出与用户相匹配的阅读资源组合，根据用户的具体需求，进行分层次的推送。由于部分用户对硬性的推送内容有着强烈的排斥心理，因此，在将关键、重要阅读内容进行推送的同时，应提供有价值的参考性阅读建议与指导，便于用户根据指导意见，对比自身现实状况，开展阅读内容的筛选与采纳。这种紧密联系用户需求，弹性化、层次化的推送方式，能高效对接不同用户差异化的需求，它既可以满足部分用户开展基础性的普适性阅读，又可以支撑有专业化需求的用户在资源中开展较大范围的研究，实现深入、专业阅读，真正促进用户对阅读资源进行有效掌握与融合，使用户基于个体具体需求，实现"知其所以然"的深度阅读，优化个体的知识结构，为自身的"学以致用"带来更大的价值。其次，推送的内容应能从情感层面引发用户的共鸣。推送的内容应精彩绝妙，引人注目，要能够快速让用户对阅读内容产生深入了解的兴趣，能激发用户阅读的好奇心与共鸣，从而在心理层面触动他们的心灵，理解、认同推广内容所表达的理念与思想，吸引用户深度参与阅读活动。再次，推送的内容还应具有交互性。推送的内容应具备分享性、讨论性、话题性，能聚焦用户的注意力，将用户紧密联系起来，就某一问题分享、交换意见、开展辩论与评论交流，从而使用户在融洽开放的阅读氛围中，加深对推送内容的理解与应用，实现阅读优势互补，延伸拓展创新性思维，生成有创意、有价值的新内容。此外，阅读资源的推送还需要注重用户的阅读时间、状况，尽可能在用户空闲的时间进行，避免打扰用户正常的工作学习，引起用户的厌烦情绪。

7.2.2　活动方案设计

通过前文分析，在推广设计过程中接下来需要考虑的是：需要采用什么样的活动来解决用户个性化、深层次、高效率的阅读。阅读推广活动由一系列相互联系、前后衔接的阅读推广环节构成，是阅读推广服务开展的具体途径。推广活动方案的设计需要立足于推广活动的目标，明确详细的推广形式与方法。

阅读推广活动的制订必须体现以下三个原则。

(1) 交互性原则。推广活动的制订既要体现推广人员的引导与介入，也要体现出阅读用户的全面参与。这就决定了：在整个推广过程中，所有的参与人员都必须开展积极的阅读互动。这包括：推广人员与用户互动、用户与用户互动、用户群体互动、用户自我阅读互动。推广人员与用户开展互动，有利于推广人员了解用户的参与状况与反馈，及时调整与改进活动。用户与用户互动、用户群体互动则有利于打破传统独自阅读的藩篱，通过对阅读信息的对话、评论、转发、回复、点赞等交互行为，拓展阅读的深度，延伸阅读的广度，实现知识的不断交融与启发，并增强用户积极正向的阅读体验，促进用户不断地修正与改善阅读行为，培养其良好的阅读习惯。用户自我阅读互动，如个人的阅读笔记、总结、反思等是用户在阅读的过程中与内心开展的自我对话，是用户个体对当前阅读的知识、思想、理念的审视与重构，能帮助用户通过阅读实现不断提升。

(2) 可操作性原则。可操作性既包括阅读推广活动中内隐的活动规则，也包括外显的操作程序与步骤。首先，图书馆必须开展科学预算，明确参与服务的人力、物力、财力资源，根据能提供的资源，制订活动。其次，制定推广阅读的流程，明确活动中用户先做什么，接着做什么，最后做什么，执行步骤应有序、清晰、易于用户理解与操作。最后，活动还必须包括严密的监督管理规则，推动用户积极、高效完成活动。

(3) 灵活性原则。活动方案的制订具有指导性，但却不具有强制规定性。一方面，阅读推广注重预设性，各推广环节预先设计，推广过程需要按部就班地进行，才能保障良好的推广秩序。另一方面，推广过程具有生成性。在具体的推广过程中会出现许多问题，这就需要在制订活动方案时，尽可能考虑到实际推广中存在的问题，并提供灵活多变的、可供选择的处理建议，以便能因地制宜地解决问题，保障推广活动的顺利进行。此外，推广过程中，注重使不同用户都有成功的阅读体验，激发其更强的阅读动机，对同一阅读群组中存在个体差异的用户，既可设计共同活动，也可以提供个别活动。即使是对共同的阅读活动，也可以制订不同层级、不同视角、不同关注重点的灵活性阅读任务，让用户体验到成功的喜悦，从而处于乐于阅读的最佳心理状态。

活动的开展必须有具体的活动模式予以支撑，因此，对待不同的推广对象与推广目标，图书馆可以灵活采用不同的活动组织模式，但在选择活动模式时，推广人员还需要明确以下四个问题。

问题1：活动满足了用户的哪些阅读需求或者说解决了用户阅读中存在的哪些问题？

推广的模式必须紧密匹配用户的阅读需求，以高效解决用户阅读需求为核心。推广人员需要关注设计的活动模式是否能高效满足用户的阅读需求，在现有的条件下，采用的推广活动模式是否能帮助用户将已有的知识和经验与阅读内容有效联系起来，逐步扩展知识的广度与深度，获取更多的心得与见解；是否能增强用户自身阅读的热情，持续开展深入的阅读；是否能让用户在活动模式中更好地对阅读开展自我观察，分析对比自己的行为并且改进。

问题2：需要采用什么样的组织模式来解决这些问题？

根据用户的阅读特征与目标，可以选择最贴近用户需求的组织模式开展活动。推广活动的具体模式包括以下几种。

传递式阅读活动，指在推广过程中，推广人员将推广内容不断地单向传递给用户，要求用户按照推广活动节奏，按部就班地完成对应的推广任务，推广人员可以根据用户的阅读反馈给予简单的阅读辅导与支持。这种推广模式能使用户在较短时间内接触到大量的阅读信息，但这种推广模式使用户处于被动的阅读状态，忽视了用户阅读的主动性，更谈不上"以用户为中心"的推广服务。

体验式阅读活动，当用户在活动中体验良好时，这种内心深处的体验是用户在日后形成认识、转化行为的原动力，它意味着用户良好阅读习惯的培养。新媒体时代，用户的话语权不断增强，良好的阅读体验还能使用户利用社交媒体或自媒体开展推广活动的评论与反馈，这无疑是正向、积极的宣传，能使推广服务的价值迅速增长，形成最大化的影响效应。体验式阅读强调在阅读活动中获得真实感受，活动应尽量接近用户的生活、学习、工作实际，引导用户在特定的阅读氛围中全身心投入，通过亲身所见、所闻、所感、所悟，产生积极的阅读情绪和良好的阅读心态，促进其阅读知识的高效获取及阅读情感的持久内化。

探究式阅读活动，指推广人员依靠现实的社会需求背景，创设出探索性的阅读问题，使用户在识别、理解阅读问题后，能主动分析、主动探索，积极就阅读问题与他人开展交互，在充分的阅读及与他人的互动中，吸取解决问题的间接经验与现实规则，并在开展深入阅读思考的基础上，归纳已有的知识、原理，将其迁移到提出的问题中，判别、筛选、验证解决问题的可行性方法，在解决问题，获取知识、技能、情感的同时，形成科学的阅读精神。

合作式阅读活动，指为了调动用户参与阅读的兴趣，按用户阅读的兴趣、能力将用户编成小组，形成阅读共同体，通过以小组活动为主题，开展阅读协作、阅读交流、阅读互助，共同完成阅读任务。合作式阅读活动强调人人参与、人人贡献，最大程度发挥每位用户阅读的自主性与合作性，改善用户阅读心理，提升推广服务质量。在合作式阅读活动中，推广人员帮助阅读小组确定一个开放性的研究任务，基于这个研究任务，要求小组按照责任分工、个别阅读、阅读共享与讨论、成果制作与展示的程序开展阅读与交流。鼓励小组成员认真阅读，深入讨论，并根据自己在小组中的角色，参与完成阅读任务。在个别阅读中，鼓励用户从多个角度开展阅读思考，在阅读分享与交流中鼓励自由频繁的观点交流，在成果制作中，鼓励用户通过沟通与协商，共同制订成果的表现内容与方式。合作式阅读活动中的合作、交流、互助，能促进用户深入理解阅读内容，达到最佳的阅读效果，更为重要的是，合作式阅读活动体现出阅读活动的凝聚力，通过人人参与任务的互助式阅读，使用户感受到被需要、被认可与被接纳，产生自信心与归属感，从而推动整个小组不断地开展阅读。

不同的活动模式有着不同的特点与优势，采用哪种活动模式必须考虑实际的推广条件与推广内容，而且，在现实的推广服务中，从头到尾采用一种模式来完成推广服务很难成功，这需要推广人员融会贯通掌握多种推广模式，创新性地将其融合、完善，形成一套适合当前推广情景的多元混合性推广模式，以匹配用户的多元阅读需求。

问题 3：在采用的组织模式中，为用户的自主阅读开放了多少权限？

"以用户为中心"的阅读推广，必须让用户能在规定的活动时间中，拥有自主控制阅读内容、进度和途径的权利，必须让用户更多地选择主动阅读，自觉地发挥阅读的积极性和创造性，在自主控制的阅读过程中，品味阅读的愉悦，获取更多更深的阅读领悟。因此，在采用的推广组织模式中，一方面，要为用户弹性化阅读提供可能，为用户提供多元阅读路径，保证用户对自身的阅读进度有更多的把控权，使用户在高度自主阅读时，增强其阅读的成就感与信任感。另一方面，自主权限并不意味着对用户的阅读放任自流，而是需要推广人员在对应的组织模式中，对用户的阅读给予更多的监督，引导用户在规定的时间内，高效完成阅读，实现更深层次的阅读价值与意义。

问题 4：在不同的组织模式中，推广人员的主要角色是什么？

"以用户为中心"的阅读推广服务，要求改变传统推广过程中推广人员所扮演的权威专家、阅读规定者、阅读检查者的种种角色，应成为用户阅读的激励者、引导者、研究者。在采用的组织模式中，推广人员应积极思考如何根据活动模式为用户的阅读提供相应的技能支持、讨论指导、任务帮助或是阅读评估，使推广人员与用户在组织模式中建立积极互动、相互理解、共同发展的关系，帮助他们获取最佳的阅读体验。

无论阅读推广服务采用哪一类型的推广活动模式，都应注重推广的具体方法。开展阅读展示、阅读交互、阅读实践都是行之有效的推广方法。开展阅读展示，即通过馆藏书籍展览、书籍借阅排行、导读目录推荐、阅读成果展示等多种方式，向用户传递阅读信息，为用户提供丰富的阅读内容介绍，确保用户能通过阅读展示，快速获取所需资源。阅读交互旨在通过相关人员的交互，提高用户阅读的兴趣，推动用户投入阅读活动，从而提升用户阅读深度、广度及满意度。阅读交互既包括在用户之间开展讨论、辩论、讲演、竞赛、协作等方式，也包括推广人员与用户间的阅读指导、反馈等策略。阅读实践则通过开展阅读的角色扮演、书籍漂流、互换等相关游戏、阅读模拟实验、群体朗诵等方法，使用户通过直观的阅读活动，对所阅读的内容获得感性的认知。此外，在设计推广活动模式时，还应考虑服务的相关因素，选择适当的推广方法，并能合理地加以组合运用，以期达到最优化的推广活动设计。

在明确了适当的推广模式与方法后，还需要对推广的程序加以规范，具体步骤如图 7-5 所示。

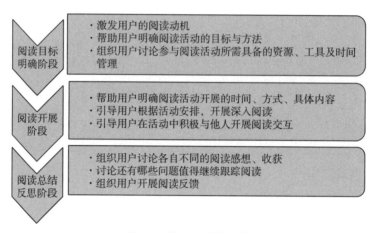

图 7-5　推广活动的具体步骤

明确了整个活动方案的设计后，推广人员需要邀请用户参与到活动方案的设计过程中，通过他们的视角，初步判定活动方案的可行性，通过其有效的反馈，修改完善形成最佳的活动方案，实现推广设计的众智、众创。

7.2.3　服务环境构建

服务环境是阅读活动开展的前提和保障。创建良好的服务环境，是推广服务不懈追求的目标。设计阅读推广服务时，应构建起多元化、个性化的服务环境，推动用户阅读活动的顺利、协调开展。阅读推广服务环境是指供用户阅读的外部条件、场所与氛围，它包括基础环境、支持环境及人文环境，如图 7-6 所示。

阅读推广服务的基础环境包括现实生活中的文献资源、阅读终端、阅读场地等，互联网更为推广服务基础环境的拓展提供了支撑，虚拟场所中的网络、多媒体、云存储、云计算等多要素构成了巨大的、创新性的虚拟阅读空间，使用户突破了空间、环境的限制，可以在任何时间和任何地点参与阅读。虚拟空间与现实阅读环境的对接整合为用户的阅读提供了多元化的基础环境，成为用户参与阅读推广活动的必要条件。因此，推广服务必须搭建起良好的阅读基础环境，既要重视搭建在图书馆现场开展阅读交流、展示、评论等推广活动的现实环境，更要借助信息技术搭建虚拟的阅读环境，吸取两类推广环境的优势，实现"虚实"融合的混合式推广环境，以多样性、集成性、交互性的环境满足用户常态化、自主化的阅读活动。

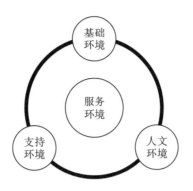

图 7-6　阅读推广服务环境构成

　　阅读推广服务不仅要满足个人阅读诉求，更要兼顾社会对大众阅读的期望。社会阅读期望代表着阅读的价值与伦理取向。因此，阅读推广的环境还要充分关注社会人文环境的构建，以良好的文化氛围与精神风貌感染用户，从而培养用户正确的阅读情感、态度、价值观，使用户正确理解阅读不仅具有积累知识与成果的功能，还能培养发现、感知、评价美的意识和基本能力，更为重要的是，阅读具有以人为本的特点，阅读的本身是尊重、维护人的尊严和价值，能关切人的生存、发展和幸福。构建、推广人文环境，需要图书馆员、新闻工作者、社会名人、文化大家、志愿服务者等多元主体共同参与阅读推广服务，通过多个参与主体的协调与对话，明确推广服务的正确理念，共同制订和执行具有较高价值追求与道德引导的推广服务方案，构建积极、健康的阅读人文环境，引领阅读、理解阅读、尊重阅读、热爱阅读，并通过阅读的具体开展，在潜移默化中提升思想文化内涵，践行社会主义核心价值观。

　　阅读推广服务的支持环境，不言而喻，其着重于对用户的阅读开展有效的、持续的支持。支持环境的组成部分包括阅读资源、个人阅读空间、引入阅读纵深的支架、认知与交流的工具及社会协作环境，如图 7-7 所示。

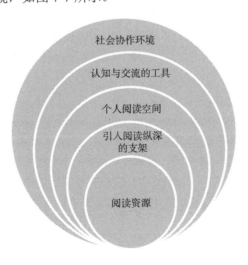

图 7-7　阅读推广服务的支持环境构成

1) 阅读资源

构建用户阅读的支持环境，首先要具备丰富的个性化阅读资源，保障用户对所需求阅读资源的快速查找、选择、获取与使用，促进用户深入参与阅读，在阅读中实现知识的积累、探索、思考，促进用户从感性阅读阶段迈入理性阅读阶段。在前期推广内容的优化中提出：推广人员在推广设计时事先准备了大量的阅读资源，这些资源已基本涵盖了阅读主题的范围，用户可以根据自己的偏好，从阅读资源中选择、整合、关联个人阅读资源。在推广的过程中，推广人员根据用户的个人阅读需求状态，利用信息过滤技术，开展基于内容的个性化推荐，这是保障用户阅读资源的有效措施。另一方面，由于虚拟阅读环境的有效搭建，用户之间的阅读联系紧密起来，阅读资源的个性化扩展还可以依靠用户间协同算法进行资源推荐。推广人员可以根据用户间阅读偏好的相似性，将用户感兴趣的相关阅读资源推送给与其相似的用户，使用户阅读环境中的阅读资源更加丰富、个性化。

2) 引入阅读纵深的支架

阅读是一个过程，提高阅读效果的关键在于使用户投入到阅读过程中。将用户引入阅读纵深的支架是阅读支持环境不可或缺的重要部分。阅读支架，来源于建筑工业的脚手架，支架的目的在于搭建阅读的框架，帮助用户由浅入深地阅读，并在实现阅读纵深的过程中，掌握高阶知识与技能。阅读推广服务的支架包括阅读情景、阅读问题、阅读案例、阅读任务、阅读建议等多样化的支架。

推广人员可以利用虚拟的展示空间，构建情景支架，使阅读更生活化、情趣化，让用户获取阅读的立体感、沉浸感、身临其境感，为用户提供在真实世界中接触不到的事物、地方和人。用户借助阅读环境提供的动态信息，可拓展视觉、听觉、触觉等体验，从而大大提升阅读兴趣，开展有意义的阅读。通过情景支架，用户能更有效地获取信息，并通过信息的归类、连接、呈现、讨论、分享，理解其丰富的意义，实现对阅读知识的理解、应用与创新。

一般来讲，基础性的阅读知识可以通过用户的独立、自主阅读获得。但当阅读知识属于应用性、分析性和综合性较强的内容，同时用户又缺乏准确理解、应用这类知识的能力时，为了保障任务的顺利进行，推广人员需要搭建阅读支架，通过将阅读任务分解，为每个分解任务提供适当的、小步调的阅读指导与提示。通过建设性、具体性、明确性的阅读问题与案例，用户阅读的理解认知水平得以提升。首先，问题与案例必须是生动有趣的，具有吸引力，能激发用户积极参与的阅读情绪，从而不断开展阅读探索。其次，问题与案例必须紧扣主题，尽可能从用户原有的知识与经验出发，通过案例分析与问题思考对用户的阅读进行适当的铺垫，帮助用户减少阅读障碍与压力，保障用户阅读的连贯性与整体性。最后，问题与案例尽可能是开放式的，要留给用户一定的思考空间，引导用户适当地对资源的内容、情感开展感悟与品析，使用户对阅读资源不是简单的了解或知道，而是有着全面清晰、深入透彻的理解，掌握资源的精髓，并支持用户将理解的问题用于解决自身现实的问题。

阅读任务支架，旨在通过为用户提供阅读的任务，调动用户的阅读参与性，在完成任务的过程中培养用户信息的搜集与处理能力、获取新知识与技能的能力、分析和解决问题的能力，实现用户对阅读资源相关知识与技能的实践、运用和创新。

不同类型的支架都旨在贴近用户的阅读知识与能力基础，对阅读信息进行分解、简化与扩展，以降低用户阅读的难度及可能产生的焦虑，帮助用户便捷、顺利地达成阅读目标。

3) 个人阅读空间

阅读是一个持续的过程，用户通过阅读，能增长知识、技能，丰富情感、思想，并将其内化为个人的品格与行为。因此，在阅读的过程中，用户是绝对的主体，对于用户个人而言，则必须构建起个人的阅读空间，实现对个人阅读的有效管理。

虚拟推广环境为实现个人阅读空间的搭建提供了技术保障。在个人空间中，以用户为中心，用户的个人阅读管理系统、个人阅读记录系统、个人阅读资源系统、个人网络交际系统、他人阅读显示系统等相互关联，形成一个个人阅读的虚拟场所，如图 7-8 所示。

个人阅读空间赋予了用户最大的阅读控制权限。在个人阅读记录系统中，能真实记录下用户个人阅读的行为与阅读成果，包括阅读时间、阅读时长、阅读频率、阅读内容、阅读成果等，便于用户查找阅读历史，汇总与反思阅读行为。反思是深度阅读的表现，它对阅读能力提升、阅读思维发展都有着重要的作用。用户通过阅读记录，能不断反思自己的阅读过程、行为与效果，从而对阅读行为不断进行改善，以实现更优质的阅读体验。在个人阅读管理系统中，用户能实现个人阅读目标与计划的制订、个人阅读过程的实施与控制，支持不同用户不同步调的阅读参与。个人阅读资源管理系统能全面记录、存储用户阅读所需的各种电子阅读资料，用户可以通过对系统中的资源进行搜索，快速找到所需资源，实现用户阅读信息获取、融合、集成、开发、利用与创新。个人网络交际系统通过记录用户与他人的阅读交互与协作，展示出在用户个人的阅读中，与其他成员 (推广人员、领域专家、阅读同伴等) 的相互人际关系。他人阅读显示系统能将他人的阅读相关状态、成就等消息展示出来，其目的在于使用户认识到他人的阅读轨迹与成就，从而产生比较、竞争的积极心态，强化自身的阅读行为。

图 7-8　个人阅读空间组成系统

个人阅读空间的有效构建，能真实实现用户按自己的需求与节奏开展个性化的阅读，展现出阅读的自主性。

4）认知与交流的工具

支持环境要提供多样化的阅读工具。阅读过程中，用户需要在行动、反思、感受和思考之间不断地往复。阅读工具是帮助用户开展认知活动和交流合作的有效手段。文件管理与内容呈现类工具能帮助用户下载、上传、保存所需文件，也能记录和管理用户生成性资源，它能帮助用户获取知识、分享文档、实现个人阅读资源的有效管理。个人阅读效能工具能帮助用户对自身阅读状况（如阅读次数、阅读评论、阅读感悟、资源聚合、资源转发等）进行记录。思维管理工具能帮助用户梳理阅读思维，将阅读内容中各级主题间的相互关系表现出来，使阅读内容清晰深刻，便于理解与记忆。协作与共享类工具能满足用户阅读协作、分享的需求，帮助用户针对感兴趣的话题发起讨论，实现焦点内容的推送，实现文件的共享，方便阅读的协作。推广人员在搭建推广平台时，不仅要主动提供一系列的阅读工具，更要鼓励用户使用工具，利用工具开展积极、持续、周密、深入的阅读思考，帮助用户实现深度阅读。

5）社会协作环境

在前面的研究中指出：阅读交互行为对用户阅读满意度有着正向直接影响。因此，搭建积极有效的阅读支持环境，就必须重视用户阅读交互、协作氛围。

在用户画像分析后，通过共同标签建立阅读群组。图书馆应促进群组中的用户围绕共同的阅读目标，开展有组织的共同探讨和分享活动，让用户通过阅读的交流与协作，在活动中获取参与感与归属感，并通过他人的帮助、支持、评价、认可，获得认同感，从而建立强烈而持久的阅读动机，激发自我阅读信心，强化自我阅读行为。

最初的阅读群组是根据用户的阅读需求或偏好的相似性而形成的。这就决定了在群组的建立之初，用户与用户之间可能并不认识。而阅读交互行为通过信任关系对用户满意度产生间接影响。陌生的关系绝谈不上信任，更谈不上阅读技能与情感的传递，以及阅读知识的共享与创新。为了尽快实现群组成员之间的熟悉与信任，可以采用线上线下相结合的方式来促进成员的交流互动。在线下组织见面活动，使群组用户之间快速熟悉起来，再通过线上服务环境中提供的交流工具或平台，搭建起实时交互协作的渠道。鼓励用户之间首先对阅读的内容开展分享与倾听。而后，在阅读分享与倾听的基础上，逐步实现阅读讨论与交流，最终形成联系紧密的阅读群体，开展深入的协作阅读。

建立阅读协作支持环境，必须运用以下策略：

（1）鼓励真诚地交互。由于用户阅读背景的不同，因此对同一阅读资源，其理解程度、认识程度、感悟程度均不同，在开展用户交互时，要鼓励每一位用户真诚坦率、畅所欲言地向他人表达自己的阅读想法与观点，真实地展现自我，从而让用户更好地了解彼此，分享彼此的观点和看法，而不会产生敷衍的感觉，更容易加深彼此间的联系和理解，继而形成一种友善融洽的群内氛围，提升用户阅读思维的扩展与情感的领悟。此外，在用户开展分享时，注意要求其他伙伴认真倾听别人的阅读观点与情感，并及时给予具体的反馈，当认同他人的观点时，要提供支持性的反馈信息，表达自己的认同感；当不认同他人的观点时，也可以委婉、礼貌地表达不同的看法，将交互引入深度讨论。

（2）促进用户间相互的问题解答与阅读互评。为了让用户在交互过程中承载和传达阅读价值，提高他们阅读的参与度、满意度和支持度，可以鼓励用户相互间提出问题、解答问题。提问的语言准确、简洁，避免冗长或含糊不清，对对方的回答表达真挚的感谢，从而在往复的讨论问答过程中，加深用户对阅读知识与情感的深入理解。此外，用户间的阅读互评也是促进阅读深入交互的有效方法。一方面，相互间的点赞与具体的评论，提高了用户交互协作的意识，增强了用户对群体的归属感；另一方面，也使用户本身在评价的过程中增加了个人的反思，发展了个人的批判性思维。此外，阅读的赞美需要真实可信，避免用一些过激或过分的溢美之词，要充分肯定对方的行为与效果，增强对方的阅读自信感与成就感。

（3）开展共同的阅读任务，实现深度协作。给群体用户布置共同的阅读任务，他们为了完成任务，必须开展紧密的交互协作。布置的阅读任务应具备新颖性、不确定性、开放性，需要用户协同发挥各自的优势与特点、互相帮助、取长补短，在相互监督、相互配合、相互陪伴中共同思考、共同决策，才可能顺利完成任务。在完成共同阅读任务时，要制订阅读任务协作的规则，保证群体内部的协作秩序。推广人员可以帮助不同的阅读群体根据其自身的情况，制订规则。这包括共同阅读任务的制订、用户之间的分工与协作、任务的执行监督、成果的展示等。规则的制订使群体用户的协作有了组织感，它能推动用户自觉按照规则参与执行，既强化了用户对群体成员身份的认同，同时也提高了群组的阅读凝聚力。在共同完成任务的过程中，通过彼此良好的交流与配合，加深成员之间的联系，使用户对群体成员间更具信任感与信赖感。此外，由于共同协作，不仅用户个体的问题解决与处理能力得到了明显的提升，阅读思维得以扩展，更为重要的是，用户间的平等对话与深入探讨，使不同的阅读见解、看法、观点、方案、思路得到了分享与汇集，大大拓展了知识来源的深度与广度，通过集思广益、群策群力，群体间更容易在挑战性的阅读任务中得到借鉴与启发，通过思维激荡产生奇思妙想，从而实现更多的知识应用与创新。

7.3　阅读推广服务的过程管理

阅读推广是基于用户自主参与的阅读，用户自主参与过程中的态度与行为都受用户个体参与阅读的动机、自控能力、阅读体验等因素影响。因此，在缺乏有效干预与控制的情况下，部分自控能力较差的用户其阅读较为自由松散，阅读质量自然难以保障。对用户的阅读放任自流，不管不顾，只重视用户的参与，而不重视参与的效果，将导致阅读推广服务的浅薄化与虚伪化，并最终导致阅读推广服务的失败。为了保障用户参与阅读的效果与质量，推广人员需要对用户的阅读过程开展管理，这包括阅读文化建设及阅读过程检查、控制与调节，这是解决质量管理目标体系中服务差距 3 的有效途径。

7.3.1 阅读文化创建

阅读文化是整个推广活动价值观、精神及行为的体现。推广活动的深入开展需要建立起一种文化氛围，这种文化氛围能调动用户的阅读积极性，引导用户深入持续阅读。在阅读推广的具体实践中，推广人员可以通过精心打造一系列规则来创建阅读文化。

建立平等、友善的互动规则。在服务实施初期，推广人员应对参与的用户进行互动规则的宣传。要求用户在阅读互动时，彼此尊重他人的阅读兴趣与求知愿望，理解他人个性化的阅读需求，尊重他人差异化的阅读步调，在参与持续阅读、相互交流时，真诚、友善地对待他人的观点、看法。这种平等友善的互动指导思想被用户所认同，从而建立团结、紧密的阅读友谊，增强共同交互的信心与热情，使阅读得以成功开展下去。另外，在具体的阅读推广服务中，推广人员在与用户开展互动服务时，不同的服务氛围会引起用户高兴、喜悦、温暖、满足或愤怒、挫折、失望和后悔等一系列的情感反应，而不同的情感反应则会造成用户后期阅读行为的不同选择，或是积极深入，或是冷漠观望，或是中止放弃。因此，在推广人员与用户的互动中，推广人员更要为自己与用户建立起融洽、和谐的服务桥梁，通过自己的专业知识及平等、友善的态度，帮助用户自觉自愿地、潜移默化地在阅读体验中增强阅读的正面情绪，在阅读过程中更为自信、更为顺畅地完成阅读任务。

建立记录与讨论的规则。要求用户具备开展个人阅读记录的意识，通过在线阅读提问、阅读笔记、阅读反思等阅读记录详细展示个人阅读的步骤与深浅程度，这样便于推广人员通过详细的记录观察对比用户的阅读状态，也便于用户个人有目的地反思自己的阅读行为与效果。此外，促进深入阅读的有效方式是开展阅读讨论，因此，推广人员应要求用户在阅读过程中安排定期或不定期的阅读讨论。讨论的范围可以是用户自行组织的阅读经验共享，这便于用户间相互取长补短，逐步规范个人的阅读行为；也可以是推广人员深究式的提问，在用户认真研读阅读资料的基础上，推广人员基于阅读的重点或难点进行插入式的提问，其目的在于通过用户的讨论，实现用户对阅读资源由浅入深、由易到难的全面理解与感悟；还可以是对阅读资源的总结、综合性讨论，旨在通过讨论，提炼出综合性的问题，让用户具备运用所阅读的知识解决实际问题的能力。总之，通过不同形式的讨论，激励用户阅读的主体意识，引发用户的阅读兴趣，启发思考、联系实际，开展阅读运用与创新。

建立合作与互助的规则。在个人独立的阅读过程中，用户不可避免会产生阅读的困惑、焦虑、孤独等多种情绪，这些负面情绪的增长不仅会阻碍用户的深度阅读，更有可能造成用户对阅读行为的放弃。因此，在创建阅读文化时，必须建立阅读合作与互助的规则。在阅读实践过程中，要帮助用户之间建立起相互配合、相互协调、相互支持的合作、互助规则，促进用户在合作与互助中其阅读的知识、技能、情感均实现动态、螺旋式上升。合作与互助的规则包括以下几个方面。

（1）信任规则。用户之间要开展合作，则彼此之间必须相互高度信任。在实践过程中，推广人员要为用户提供加深彼此之间熟悉了解的机会，使自己在获得他人信息的同时，也充分信任他人，认可他人的个人品质及专业素养，从而从用户的关系角度，建立起合作精神，使用户在共同合作完成阅读任务时，相互配合、相互协调，轻松、愉悦地完成共同阅读目标。

（2）坚持规则。用户的合作建立在完成一个共同的阅读任务目标之上。在目标完成的过程中，或多或少会出现问题与障碍，因此，在合作过程中，用户必须明白合作时分配给自己任务的重要性，竭力坚持完成自己的任务，保障合作的顺利进行，避免合作的有始无终。

（3）互助原则。相互帮助、相互鼓励的阅读合作，使用户在共同参与的阅读活动中，既能从他人的帮助中获得启迪，又能体现个人的智慧与才能，帮助彼此提升阅读的思维、联想、创新等能力。此外，用户之间正向积极的互助，能有效改善用户不良的阅读情绪，使之形成稳定的阅读心理，对阅读逐渐产生一种自信、进取的态度，激励自身更加科学、持续地阅读。

7.3.2　推广服务过程监控

对阅读过程开展质量监控的目的在于了解用户参与阅读过程中的真实状况及检查其阅读的确切效果，明确用户在阅读的过程中是否存在敷衍了事的想法，是否存在参与度低的问题，是否偏离了活动设计的方向，是否存在实际的理解困难等，进而为后期确定是否开展阅读控制、怎样开展阅读调节提供指导。

推广服务的质量监控分为外部监控与内部监控两种形式。外部监控指推广人员利用记录、观察、分析等多种方式，判别用户的阅读状况。而内部监控也称自我监控，指用户对自身阅读过程的反思、总结与反馈，是用户自身内部心理的积极主动行为。

开展外部监控，需要追踪用户具体的阅读行为，使推广的过程透明化。利用信息技术与大数据能对用户在线阅读行为做出准确洞察，实现对用户阅读动态进行实时监控。智能化的阅读平台能真实、客观地使用日志记录下用户阅读的原始数据。这些数据是用户在线阅读行为的记录与投影，有助于推广人员从日志信息中观察到用户的阅读状态。检索分析这些平台日志，通过进一步的挖掘、整理和呈现，创建动态、丰富、可视化的用户阅读行为信息，使推广人员通过信息获取有价值的用户阅读行为轨迹与规律，如：获取用户在平台中的访问偏好、资源获取途径、资源下载频率；获取用户开展阅读的时间、时长、阅读状态的变更；获取用户阅读的归纳笔记、质疑问题；获取用户在阅读过程中的人际关系。在获取了直观的信息后，一方面对每一种信息制订度量标准，对照用户阅读的行为开展量化分析，确定用户阅读过程中存在的困难与不足，为帮助用户排除障碍、重新聚焦阅读目标做出理性决策支持。另一方面，直观信息中包含了用户许多阅读行为规律，推广人员在后期也可以根据规律进行积极有效的阅读干预。

除了通过日志实现外部监控外，推广人员还可以通过在推广过程中布置相对应的阅读任务和与用户开展交流获取监控信息。用户完成阅读任务的过程，也是其阅读知识掌握、理解、应用、创新的过程，对其任务完成过程开展跟踪观察，也能较为准确地判断出用户阅读的状态。开展用户关系管理，与用户就阅读过程中存在的问题频繁开展交流，走进用户的内心世界，了解用户阅读的真实感受，获取阅读的反馈信息。

阅读是知识与情感内化的过程，现实环境中阅读用户的知识与情感的内化程度很难准确记录与观察，这时，可以通过用户自己内部的监控得以实现。用户是阅读的主体，可以采用激励机制鼓励用户对自身的阅读过程进行监控与反馈。用户可以根据推广目标，对比自身的状况，思索是否完成了当前阶段的阅读目标，对阅读的资源是否做到了有效掌握，阅读过程中是否能排除不良情绪与环境的影响，阅读反馈是否及时客观准确，通过自我检查、自我反馈，了解自身阅读的状态。还可以通过自我反思，思考自己阅读的参与程度、信息加工整合程度、阅读分析创新程度、情感领悟升华程度等主观感受，为自身的阅读提供个性化的监控。与此同时，推广人员可以积极组织用户开展阅读行为、阅读成果的分享与展示，鼓励用户在分享自己阅读过程的同时，对比同伴的行为，找出差距，不断地修正完善自身的行为，实现对自己的阅读心理与行为的自我监控、自我约束、自我管理。

通过外部与内部的阅读监控，在汇总、分析了监控数据后，推广人员需要分别从推广的视角与用户的视角明确以下几个问题，如图 7-9 所示。

从推广视角来讲，推广人员需要通过监控了解推广是否落实了相关的阅读设计，内容设置是否符合用户需求，活动是否能吸引用户的阅读参与，阅读环境是否能促进用户的深入阅读，用户的阅读还存在怎样的问题等。

从用户视角来讲，推广人员需要了解用户在阅读过程中参与的行为、情感、认知效果是否达到了阅读的推广目标，在阅读过程中遇到了哪些阻碍。

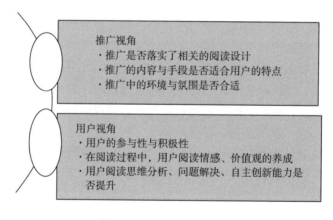

图 7-9　阅读监控应明确的问题

在复杂的实践环境中，推广人员如果无法准确地感知到用户的阅读问题，并进行合理的判断和归因，也就无法准确地解决问题。推广人员需要有较强洞察力，及时发现推广中存在的问题，将存在的问题进行梳理后，通过用户关系管理，深入了解产生问题的真正原因。将原因进行归因分析，使推广人员与用户双方都对产生的阅读问题有清晰的认识，为其后有针对性、科学化开展阅读干预提供强力有效的凭据。

从推广视角开展归因分析，探究问题的出现是否因为以下原因：在具体的实践过程中，没能将服务设计的内容具体、完整地开展起来。

从用户视角开展归因分析，探究问题的出现是否因为以下原因：

（1）阅读能力出现障碍。具体表现为：阅读记忆力差，理解慢，思维能力差，缺乏独立判断能力，阅读效率低，不能对阅读知识开展有效运用。

（2）阅读情绪出现障碍。阅读懒惰，不主动，意志不强，自信心不强，具有阅读焦虑、矛盾、抵制等情绪。

（3）社交技能出现障碍。在阅读中表达困难，人际关系差，不受群体伙伴欢迎。

（4）阅读管理出现障碍。阅读时容易分心、犯困，阅读马虎，缺乏规则意识，无阅读兴趣。

在对阅读监控展示出的不同阅读问题进行适当归因后，需要实时开展阅读干预，尽可能快速高效地解决问题，提升用户的阅读效果及满意度。

7.3.3　推广服务过程干预

开展阅读服务过程管理，既需要通过服务监控体现对用户阅读状况的重视与关心，也需要通过过程干预体现对用户阅读的帮助与激励。

当服务监控发现用户的阅读存在不足或问题，并在开展了归因分析后，推广人员应积极对用户的阅读过程开展干预，帮助修正阅读问题，扫除阅读障碍，这样有利于用户有效运用阅读资源开展阅读，获取成功的阅读体验，激励其在后期的阅读过程中表现得更为积极与优秀。

如判定阅读问题属于整体推广实践缺陷时，应积极调整实践的具体细节，改善与优化实践服务流程。

如判定问题属于用户个别阅读缺陷时，推广人员应开展个性化、差异化的阅读干预策略，针对不同的阅读问题，开展差异性的干预服务。

当阅读问题出自用户阅读管理层面时，推广人员应与用户及时取得联系，通过交流，共同制订阅读计划与规则，这包括规定用户认可的个人每次阅读开始的时间、时长、阅读的材料、阅读的小任务等，使用户在每次阅读时，有强烈的目标感与条理性，为了完成小任务不容易分心走神。

当阅读问题出自用户阅读情绪层面时，推广人员要正确认识并理解用户的阅读情绪。针对用户阅读参与性、积极性不高等拒绝性情绪，推广人员需要与用户及时沟通，明确拒绝情绪是来源于用户对阅读的不认可，还是阅读动机不强，或是用户缺乏安全感。针对这种拒绝情绪，推广人员可以重申阅读的重要性及参与此次阅读的意义所在，并明确告知阅读时会提供哪些支持服务，使用户不再抵触阅读，愿意尝试参与活动。当面对阅读的新挑战、新任务时，用户难免会产生紧张等焦虑情绪。推广人员应鼓励用户直接向推广人员述说焦虑心理。推广人员帮助用户将阅读挑战进行层级划分，不断拆解、细化任务，直到用户实际可以具体操作的层面，通过用户对任务的逐步完成，增强用户的阅读成就感与自信心。阅读过程中，还有部分用户存在阅读的矛盾情绪，即在同一时刻，既想又不想投入阅读过程。针对这类用户，可以通过电子邮件或 RSS 发送触发告警的形式通知用户，明确告知当前阶段应该完成的阅读计划，通过对比阅读计划认识到当前自身的阅读参与度存在问题，从而循序渐进地做出积极的改正。同时，同伴对个体的认知发展、情感、自我概念、行为等都有很大的影响。通过显示与用户关系密切的阅读同伴的相关阅读动态、同伴间的互动与推荐行为等，使用户在同伴效应的影响下，规范自身的阅读参与行为。

当阅读问题出自用户阅读能力层面时，可以采用个别干预与小组干预的形式予以解决。个别干预，即推广人员对用户的阅读开展个别的辅导，通过与用户开展关系管理，使推广人员更为细致地了解用户个体的阅读薄弱环节，分析产生此薄弱环节的症结所在，是属于知识积累不足还是阅读技能不足，针对不同的症结，制订详细可行的个人弥补方案。当问题属于知识积累不足时，指导督促其多看一些与阅读目标相关的书籍及他人的读后感及笔记，扩展其知识视野，加深其阅读理解。当问题属于阅读技能不足时，可以借助部分思维工具，帮助用户梳理、对比、关联阅读内容，促进其阅读记忆能力、理解能力、思维能力的提升。群体干预，即通过建立用户阅读群体，利用用户相互间的阅读分享、讨论、质疑、启发、归纳、合作等行为，逐渐形成一种"平等沟通、启迪引领"的阅读关系，在相互间的阅读联系与作用下，潜移默化地帮助阅读能力不足的用户提升阅读自信，扩展阅读资源，强化阅读行为，有效达成阅读干预效果。推广人员可以引导用户提出所遇到的问题，供阅读群体共同分享，鼓励不同用户分享各自不同的经验，再加以质疑、讨论、探索，主动寻求问题的答案。当用户群体无法就问题做出解答时，还可以邀请与此阅读内容专业相关的专家、学者参与阅读活动，不失时机地对用户进行富有启发性的引导，点燃用户思维的火花，激发他们探索的欲望。在用户不断地对阅读内容进行分析、比较、抽象、判断、推理的过程中，提供解决疑难的桥梁与阶梯，将用户阅读引向纵深。当阅读已水到渠成时，再对所阅读的内容做出科学的归纳与总结，使用户从更全面的角度实现对阅读内容深刻、透彻的理解。

当阅读问题出自用户阅读人际交往层面时，需要针对孤独骄傲型人际关系与交往自卑型人际关系做出区分对待。当用户的人际交往关系属于孤独骄傲型时，通常表现为不愿和别人交流，害怕在交流合作中暴露自己独特的见解，让别人超越了自己。对待这类用户，需要向他们明确：阅读的封锁与保守只能使自己作茧自缚，只有不断开展交流与合作，才能在活动中开阔思路、激发思维、集思广益、事半功倍。对待交往自卑型用户，则需要鼓励其打破阅读的篱笆，积极参与到阅读中与他人互动，在互动活动中，主动关心他人，维系关系，并主动对他人的阅读开展正面评价、赞美，从而在人际交往中得到他人的尊重。

此外，阅读过程中的服务干预，不仅仅针对用户出现的各类阅读问题开展帮助，还需要对用户阅读的过程进行表扬与赞赏，激励用户的正向行为。当阅读过程中存在用户主动发现问题，并开展探究、讨论，结合自身知识，积极寻求问题的答案，创新思维，发现新知，深入实践等种种体现用户肯读、爱读、深读的状况时，都应该及时给予表扬，给予充分肯定，让用户感受到来自他人的认同。对用户的肯定与表扬不能只简单使用点赞图标或"不错""很棒"等简单评价语言，而应针对用户的具体阅读行为或成果，提出自己认同、赞赏的观点或阐述自己对此行为的经验与感悟，使用户感觉到推广人员对自身阅读行为的关心与重视，缩短彼此之间的心理距离，使他们产生信任感与亲切感，激发阅读动机，更主动地投入到阅读活动中来。此外，针对不同用户的阅读能力，还可以在评价的语言中提出更高要求的阅读期望与要求，使用户产生被认同的心理暗示，激励他们开展更大的阅读挑战。

值得注意的是：过程管理中的服务监控与干预都是在服务过程中为了使用户阅读效果更好而不断进行的一种服务策略。服务监控往往只针对实践这个环节，不涉及阅读推广质量管理模型的其他环节，因此，服务的干预也只是侧重服务实践环节的不断改进与完善。

7.4　阅读推广服务的改进管理

阅读推广服务质量管理不是一次性、静态化的服务工作，而是一个循环往复的动态流程。质量管理模型中各环节构成了完整的、闭合的管理体系，每一次管理过程的终点，同时也是新一轮阅读推广质量管理循环过程的起点。因此，为了保证推广过程的高质量开展，为后续的推广服务起指导作用，推广人员需要在阅读推广活动告一段落时，对整个推广服务的最终效果进行总结性的评估，利用评估，对推广的实际效果作出较为客观、科学的判断，为推广服务的优化改善提供尽可能多的实用信息。通过在实际推广服务中对整个服务流程进行调整、修改与完善，使推广服务的理念、方法和工作步骤更加系统化、规范化和条理化，从而推动图书馆更有效地提供高品质的阅读推广服务。

7.4.1　推广服务质量评估

推广服务质量评估，一方面，是对服务质量的前期管理、设计管理、实施管理到后期的阅读效果各方面的数据信息进行收集与判断，检验推广服务的效果是否达到了预期的目标，推广服务对用户产生了怎样的影响，用户的阅读知识、情感、态度、能力有着怎样的变化，其重点在于衡量阅读推广服务的效果、效率、价值与贡献。另一方面，它是贯穿整个服务流程的改善性评估，通过评估，及时总结反思服务过程中存在的问题与缺陷，为服务后期整体改进提供指导方案，对优化后续阅读推广服务的开展具有重要参考价值。

对推广服务的质量进行全面、整体评估，应考虑从经济影响、用户、推广人员、内部操作等方面进行短期或长期的综合分析与科学测评。评估维度如表 7-2 所示。

表 7-2　推广服务质量评估维度

阅读推广质量评估维度	评估重点	测评度量指标
经济影响	投资回报率	投入成本、参与人数、参与程度、产生社会效益……
内部操作	工作应用	实施进度、资源的开发与管理、服务的便利性、程序的掌握、推广合作关系、时间安排、环境设施、信息分析、个性化服务……
推广人员	组织效益	组织中产生的变化，包括推广人员的服务能力、服务态度、服务及时性、创新与学习、服务合作……
用户	推广反应	参与行为、投入程度、满意度、忠诚度、获取价值

从表 7-2 可以看出：不同评估维度有着不同的评估侧重点。但在现实的推广实践中，多方面、多维度、多视角的评估维度信息采集与分析需要大量的时间与精力，会影响到评估的及时性，导致质量改进的滞后。因此，在具体的实践服务中，推广人员可以针对不同的服务目的，选择适用的评估维度、领域或范围，开展服务质量评估的设计与规划。

值得注意的是：从阅读推广"以用户为中心"的服务内涵来看，推广活动能否满足用户需求是其服务的核心职能和重要体现，因此，在以上四个方面的评价维度中，从用户维度开展活动质量成效评估是任何推广服务质量评估都不可忽视的重要内容，是服务质量评估的主体。

从用户维度开展服务质量评价需要遵循以下原则。

(1)评价主体多元性。评价主体的多元性，即通过用户自身、阅读同伴、推广人员等不同视角与途径对用户的阅读开展价值判断。用户是阅读服务的直接对象，是阅读的主体，他们对服务质量的评价最具权威性。用户自评既能展示用户在阅读过程中的个体参与程度、获取价值，还能通过自我评估让用户体验到阅读活动的乐趣，有效地激起用户的阅读参与性。阅读同伴作为用户阅读的陪伴者，对用户在阅读过程中行为、态度、情感的转变有着一定的认识。开展阅读同伴互评，不仅可以增加评价结构的客观性和科学性，还可以增强用户的协调合作能力，促进同伴间信息的友好交流。推广人员全面参与用户阅读的跟踪与监控，能较为客观地衡量用户在阅读过程中的表现。多元主体的评价原则既可以通过多维度的评价数值全面准确反映用户的阅读成效，从而展示出阅读服务质量的优劣，还能增强用户的阅读自信，使其更易具备能动性，积极主动参与阅读。

(2)评价内容的全面性。从用户维度开展质量评估，应重视评估内容的全面性。推广服务绝不是简单地给用户灌输阅读的相关知识，而是以阅读为载体，强调用户知识、能力、情感、行为、价值观的提升与完善，故而，标准的制订需要全面涵盖这些方面的目标。此外，从用户维度开展评估，还要将用户"短期需求"目标的达成与"长期发展"目标的实现联系起来。在设计评估指标时，不仅要量化用户参与阅读活动的行为与效果，测量参与推广活动用户获取到的知识与技能，还要重视推广活动对用户长远影响的评价，防止急功近利。这需要对用户的阅读情感沉淀、阅读态度转变、阅读行为优化等长期动态指标进行跟踪与评估，使基于用户维度的服务质量评价真正体现推广服务对用户的显性作用与潜在影响，为下一步阅读推广服务质量改进提供全面、科学的参考依据。

(3)评价标准明确性。评价标准的制订能有效避免评价者加入个人情感、主观臆断而随意评判用户阅读效果。因此，从用户维度开展质量评价必须以阅读推广目标为基础和依据，制订合理统一的评价标准。评价标准的制订应具体、可行，符合用户阅读的实际，标准应指出评价的具体操作细则，如：标准中包括的评价要素、要素分值与权重、测量统计手段、评分程序与方法等事项，便于评价人掌握与使用，从而较为规范、严谨地获取评价数据，实现科学评价。

从用户维度开展质量管理评估的流程如图 7-10 所示。

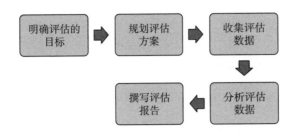

图 7-10　从用户维度开展阅读推广质量管理评估的流程

从图 7-10 可以看出，从用户维度开展质量管理评估包括 5 个步骤。

（1）第一步，明确评估的目标。在这一流程中，包括明确预期的服务效果，确定评估的参考标准；界定评估的目标，这是评估的方向性问题，对于后期确定评估主体、评估标准具有决定性的指导意义。

（2）第二步，规划评估方案。要明确具体的评估内容、标准、方法、对象，明确评估具体开展的时间，明确参与评估的人员等。

（3）第三步，收集评估数据。需要明确从用户维度开展质量评估是对用户阅读过程中的行为表现与阅读结束后的阅读结果进行测量。其具体测量内容包括：用户获取的价值（知识、技能、情感的提升）、用户的主观感受（用户满意度、用户忠诚度、需求与期望的达成、情感体验）、用户的交互关系（阅读交往、阅读合作）等。而测量上述内容的实现方法则有以下几种。

测验法。阅读推广服务的目标是要求用户掌握一定的阅读知识，通过测验可以评定用户阅读完成后相关知识的掌握情况。测验内容可以是专家编制，也可以是推广人员根据需要进行编制。测验的内容要求紧扣阅读内容与阅读目标，侧重评价用户对阅读知识的深层次理解与掌握，而不是简单的认知记忆。无论测验内容是主观题型还是客观题型，都应有非常明确的评分标准，排除评分的随意性，提高分值的信度。

观察记录法。借助一定的仪器与技术，深入观察用户阅读的过程，全面、有目的地记录下用户参与阅读的次数、频率、时间、时长等，评估用户的参与态度；记录用户资源下载、查找与发布的次数及进行阅读记录、归纳、反思、评论、反馈的次数，评估用户的参与程度；记录用户提出问题、参与交流、讨论、合作、点赞等阅读行为，评估用户阅读交互的人际关系。

访谈法。通过口头的访谈，了解用户自身在阅读过程中的真实感受。通过设置与阅读服务密切相关的访谈问题，获取用户全面、客观、真实的阅读信息，这包括：需求的满足程度（正面与负面）、个人阅读效果、推广存在的不足等。由于访谈过程是用户主观情感的表达，因此，很容易受到外界环境的干扰。因此，在访谈过程中，应尽量提供安静的环境，让用户放轻松，并通过观察用户的神色与动作，判断访谈信息的真实性。此外。由于访谈信息不能以标准化的数值进行显示，因此，通过访谈开展的评价更多是对用户的阅读做出定性的价值判断。

问卷调查法。运用问卷调查法，有利于收集更多用户的阅读感受，并且相对于访谈法，问卷调查法更具有精确化、量化的鲜明特征。运用问卷调查法可以获取用户个人阅读信息及对服务质量的主观感受。通过书面的形式，设置用户对推广人员素质、能力、态度的题项；设置用户对推广内容、环境、方法、技术、设施、制度的题项；设置用户对自身阅读获取价值、需求满足的题项；设置用户在后期个人对阅读服务的宣传或再次参与的意愿等满意度与忠诚度的内容。通过将相关题项转化为可以观测的可量化的具体指标，开展推广质量评估。在设计问卷时，要注意问卷不宜过长，也不能过短，用词要通俗易懂，准确具体，且要注重问卷的质量指标(信度与效度)及抽样方法的科学性。

阅读档案袋法。档案袋评价指以用户个体或群组为单位，一方面，收集记录其在日常的阅读过程中产生的笔记、感悟、质疑、作品等阅读生成性成果，通过对生成性成果开展词频分析，评价阅读用户和群体对阅读知识的分类、猜想、推理、思辨、论证、运用、创新等高阶思维的认知。另一方面，收集记录用户参与阅读活动的计划方案、规则制订、任务分配、问题解决、成果展示等阅读行为轨迹资料，评价用户阅读表达、交流、探究、合作等技能的变化。

通常情况下，往往采用多种方法，各种方法取长补短，相得益彰，可更准确、客观地收集用户的阅读数据。

(4)第四步，分析评估数据。需要确定回收数据的录入、筛选、校对及开展数据量化与质性分析的方法等。为了深入揭示阅读推广质量的优劣，可以采用以下的数据分析方法。

统计分析方法。运用统计分析软件可以实现对收集数据的量化处理，从而对服务质量做出描述性统计与推断性统计。描述性统计，即可从数量上描述用户的阅读状态，如用户参与的时长、用户阅读任务完成率等。而推断性统计，即为通过数据分析，指出相关阅读变量之间内在的、必然的联系，如变量间存在的因果关系、聚类关系等，还可以通过数据发展的变化，推断、预测未来用户阅读发展变动的趋势。

内容分析法。运用内容分析法，以系统、客观、量化的方式，对推广过程中用户生成的文献内容加以归类统计。其强调必须从用户生成的材料出发，避免主观的判断，在分析中，对内容资源进行编码，从而使用数量概念，将分析结果精确表示出来。

社会网络分析法。社会网络分析法以阅读用户之间的互动行为为基础，揭示不同用户的特征以及用户间相互的关系模式，并确定这些关系模式会导致用户产生怎样的阅读效果。运用社会网络分析法，可以对阅读推广过程中用户的关系数据进行精确、定量的分析。

(5)第五步，撰写评估报告。需要详细描述评估的过程、数据分析结果、评估结论及发展建议等内容。

7.4.2　推广服务质量改进

服务水平的保持和提升必须通过不断改进的质量管理得以实现。对阅读推广服务质量开展评估，可以了解推广各方面的情况，判断服务取得的成效和存在的缺陷，从而根据评价所反馈的相关信息，修订推广目标、调整推广行为、优化服务流程，持续提升用户满意度和推广服务质量。

服务质量的改进有明确的实现步骤，如图7-11所示。

图 7-11　阅读服务质量改进步骤

　　通过对用户的阅读效果开展评估，从用户的视角发现服务存在不足时，说明在当前的推广实践中，阅读推广的目标、过程和结果之间没有很好地衔接起来，服务有可能只注重了其外在的推广形式，而没有很好地把握活动的目的和目标，使推广过程与推广目标呈脱离状态，导致服务现实状态与服务预期存在差距。

　　逐一列举出在推广过程中存在的问题，对问题进行详细、具体的描述。根据不同问题的特性与产生环节，将不同的问题进行归类处理。

　　在明确了出现的问题后，推广人员应对服务的整个过程开展持续的反思，从而深刻地认识到推广过程中由于自身推广理论或经验的不足而造成的推广问题，通过不断提升推广理论知识、技能，开展阅读服务的完善，为制订改进方案做出积极的准备。其后，应邀请相关专家、同行及参与阅读活动的用户本身就推广过程凸显出的问题展开广泛的讨论与深层次剖析，全方位地分析问题形成的原因，追溯问题产生的根源，找到问题的关键点，并尽可能以图表的方式将产生某项问题的具体原因罗列出来，帮助参与阅读服务的所有成员快速、准确理解存在的问题信息，具体形式如表 7-3 所示。

表 7-3　服务存在的问题

推广存在的问题	问题产生的可能原因	问题存在的根源
未能按预定时间完成阅读活动	推广人员活动预算时间不足； 用户缺乏对阅读目标的正确理解； 用户缺乏时间管理能力； 对阅读目标计划抵制或不情愿……	推广人员推广服务能力不足； 用户与推广人员缺乏共同的阅读愿景与目标； 糟糕的用户关系与沟通……
阅读知识掌握不清	提供的阅读资源不充分； 提供的阅读活动时间不足； 缺乏有效的引导与启发； 缺乏有效的知识分享与交流……	阅读内容设计存在缺陷； 用户间的合作互动能力不强； 服务缺乏有效的支持……
阅读中反思、质疑、应用、创新技能不佳	未能提供开展阅读高阶思维的工具； 用户缺乏开展阅读高阶思维的技能； 提供的阅读活动时间不足； 没有提供评价技能提升的有效标准……	阅读环境与活动的设计存在缺陷； 服务缺乏有效的阅读支持……
阅读满意度不佳	用户对推广人员服务态度不满意； 用户对推广活动不满意； 用户对推广提供的支持不满意； 用户对推广的技术环境不满意……	推广人员服务理念与能力欠缺； 用户期望值超出服务承诺； 服务设计与用户期望存在差距……
阅读交互性不强	未能提供可交互的阅读活动； 交互活动的任务设置不明确； 缺乏及时有效的交互引导与反馈； 缺乏有效的交互评价标准……	阅读环境与活动的设计存在缺陷； 阅读监控过程管理不佳……
……	……	……

　　从推广视角对产生问题的原因开展归因分析，问题的出现应主要来源于以下三个方面：

　　(1)图书馆了解的用户阅读期望与实际用户期望之间存在差距，即差距1，推广存在用户认识的差距。其具体表现为前期分析不明确，对用户实际的、潜在的阅读期望了解不准确。

　　(2)图书馆制定服务标准与所了解的用户期望之间存在差距，即差距2，质量规范存在差距。其具体表现为阅读内容、活动、环境的设计没能有效地满足用户的阅读特征与需求。

　　(3)图书馆服务执行与制定的服务标准之间存在差距，即差距3，服务传递的差距。这具体表现为，在实践过程中，对阅读设计的内容没能具体实施到位。

　　当发现了问题出现的原因及其产生的阶段，需要探索可行的解决方案。改进方案要与推广服务的总体服务目标密切结合，反映不断变化的用户期望，体现提升用户阅读满意度、提升服务效率与效果的作用。

　　改进方案应具有开放性、创新性与完备性。首先，改进方案的开放性，需要推广服务中所涉及的相关人员共同参与，共同开发完成。推广人员可与专家、用户一同开展头脑风暴，共同策划完善改进方案，特别是要鼓励用户站在自己的立场提出解决方案，从多角度的分析创建更全面、更优秀的解决方案，促使他们对改进后的解决方案产生强烈的成就感，对推广活动产生归属感。其次，改进方案应具有创新性，不能一味地抄袭或模仿其他组织推广的成功经验，而要根据自身的情况，充分发挥创造性，对他人成功经验进行取舍，再融入自己的推广问题中，不断调整、修改与突破，直到产生个性化的解决方案。最后，改进方案还需具有完备性。由于推广问题的复杂性，一套改进方案很难十全十美、受到大家一致的认可。因此，可以将所有解决问题的方案提出来，避免好的方案被遗漏，以便于后期针对不同的现实情况，开展适当的选择。

　　方案的具体内容包括：

　　(1)建立持续开展阅读服务改进的指导理念与主要目标。改进是一个连续、长期的过程，它绝不是服务结束后一蹴而就的行为，需要在不断的服务开展中循序渐进。因此，使相关的推广服务人员意识到改进的重要性，并不断参与进来，就尤为重要。此外，阅读推广服务改进的目标会根据出现的问题而产生动态变化，这就需要不断地调整改进目标，设计方案解决新出现的问题。

　　(2)建立服务基线，以便后期服务改进后与之开展比较。图书馆应对每一个需要改进的推广环节建立具体的改进目标及度量指标，在改进结束后，与之开展对比，明确改进方案的有效状态与程度。

　　(3)制订服务改进的具体可行的技术、管理方法、操作程序、过程路径。首先，图书馆应邀请推广专家、用户对出现问题的前期管理、设计管理、实施管理中的具体内容进行讨论，讨论哪些环节是必需的、合理的，哪些环节是多余的、错误的，哪些环节需要调整与优化，并对推广流程进行新的设计。其次，改进的行为、方法、手段、操作等要具体、清晰，不能笼统与含糊，否则实施起来就会缺少可操作性。或通过优化阅读资源配置、改进活动方式、转变支持策略等解决推广环节内部存在的实际操作问题。或通过对推广人员进行培训、建立学习型组织、扩大社会人员参与推广力度等改善推广环节外部的支持因素，提出明确的改进举措。再次，改进需要落实到明确的负责人，负责人需要紧密监督阅读服务改进方案的实施步骤与进度，听取改进过程中产生的意见与建议，克服改进过程中出现的各种问题，协调改进的过程，并定期向相关推广人员汇报展示改进的动态及成果。此外，改进还需要有明确的时间期限，防止改进一拖再拖，不了了之。

(4) 持续改进需要提供的必需资源保障包括人、财、物资源。持续改进的方案必须有具体的人力、经济、技术条件支持，对此，需要制订一定的保障措施，保障改进的外部条件。

(5) 明确责任分工，组织跨部门、跨单位的服务合作，开展服务改进行动。由于改进问题贯穿整个推广流程，其涉及面广，影响也大。因此，需要图书馆与其他参与组织之间相互协调合作。为了避免产生矛盾或在改进过程中受到相互间的牵制，图书馆还需要明确改进所涉及的责任分工和合作机制，实现改进分工的协调。

方案制订后提供给用户、专家审阅，通过彼此的协商，在分析、研究、讨论中取得共识，其后确认该改进方案的确可行后，开展渐进而有序的持续改进行动，真正引导整个推广质量发生显著的转变。

用户对推广改进方案动态反馈难以预料，因此，需要密切跟踪改进后的方案是否对用户的阅读起到了促进作用。在根据改进目标、对策措施开展具体改进的实施阶段，相关人员要利用"用户关系管理"策略，建立与用户的反馈回路。一方面，向用户展示服务持续改进的行动，表达对用户前期阅读效果与反馈的重视，提升用户对推广服务质量的期望以及对图书馆响应问题和反馈速度的预期。另一方面，除了注意收集和保存改进过程中完整的阅读原始记录(阅读日记、阅读交互数据、阅读活动照片、活动情况记录)外，还可以通过关系管理，快速了解到用户对改进服务的各种动态反馈，将用户的相关阅读动态变化真实、客观地记录下来，对比改进方案中的服务基线，初步判定改进是否有效，并归纳总结改进中所呈现出的意见与建议，进一步进行改进和完善。对改进方案持续不断地进行调整，将"改进"真正融入阅读推广质量管理过程中，使之真正具备对推广管理的优化与调整功能，成为推广质量管理的重要组成。

改进工作全部结束后，对质量改进的成果进行测量、评价。当改进结果经确认对服务质量有明显的提升时，可以将改进的阅读方法、标准、规范、程序等纳入阅读推广服务质量管理模型中，确保这些改进成果融入服务质量管理模型，为完善阅读服务品质，提升服务质量，获取更高的用户满意度做出贡献。

综上所述，阅读推广服务质量管理模型的提出，为阅读推广活动质量管理提出了新的实现途径。在正确理解用户期望的基础上，通过个性、专业的阅读服务，高效满足用户多层次的需求，增加服务黏性。在质量管理模型中，推广服务呈现出更人性化、科学化、管理化的高效特征，一方面，重塑了一个开放、多元的推广生态，它能帮助用户本身规避低水平、无效率的阅读状态，加速用户在参与阅读推广活动中全面自我发展与提升，深刻而久远地培养用户高效、持续阅读的特质与潜力，为建设全民阅读社会做出重要贡献。另一方面，质量管理模型实现了推广活动规模化与差异化的均衡发展，使推广服务的价值得以增倍体现，真正做到有限阅读推广资源的效益最大化，有助于推动整体推广服务的健康有序发展。

7.5 本 章 小 结

基于用户满意度提升阅读推广服务质量需要对推广过程中的人及服务流程开展有效管理。本章着重论述了在推广理论指导下建立的比较稳定的推广质量管理流程——阅读推广质量管理模型。

基于用户满意度的推广质量管理模型由四个大的阶段、十二个环节构成一个闭合、循环的整体流程，各阶段、各环节依次交替、循环往复，每个环节都采取了相应的技术措施或管理措施来确保推广服务满足用户需求，尽可能消除推广过程中各阶段引起的低质量、不满意的因素，形成了连续不断的质量提升过程，为全面支持用户在阅读中超越自我、拓展能力、获取成功提供了实现途径。

第8章 基于用户满意度开展服务质量
管理的实证研究

本书第 5 章明确提出：基于用户满意度的阅读推广质量管理，其重点在于对人员的管理及对推广流程的管理。第 6 章与第 7 章分别针对这两个方面进行了详细的论述，其中提出的相关具体管理策略是否有效可行，还需要进一步验证。本章通过在现实的推广环境中，开展完整的阅读推广服务质量管理实验，对推广服务质量发生的变化进行观察、记录与解释，验证、完善前期所得的质量管理策略，力求主动揭示阅读推广质量管理策略的正确性与科学性。

8.1 阅读推广服务质量管理的实验设计

8.1.1 实验假设

实验法最大的特点在于它能对因果关系进行真正意义上的确定。因此，开展实验假设，假设综合运用前期研究所得出的阅读推广质量管理方法（自变量），能够有效帮助用户增长知识、提升技能、升华情感，进而实现阅读推广质量（因变量）的有效提升。

8.1.2 实验方法

研究采用准实验研究法，通过有意识地开展用户关系管理，提升推广人员专业素养，搭建阅读推广质量管理模型，尽可能在真实的阅读推广条件下检验实验假设的因果关系。研究于 2017 年 2～6 月招募大学生阅读用户参与了"阅读推广质量管理"双组对照实验。为了保障论证的准确性，增强实验结果的说服力，将用户随机分为两组（对照组与实验组），对两组成员提供同样的阅读平台、阅读内容、推广人员等条件，尽可能运用真实验设计的原则与要求，控制无关变量。针对对照组按设计方案—邀请参与—推送资源—组织活动的原有推广模式开展阅读服务；针对实验组，既对推广过程中相关人员开展管理，也按照阅读推广服务质量管理模型开展活动。活动结束后，从用户的维度对两组用户参与活动的行为特征、获取价值开展对比，分析论证自变量（阅读推广服务质量管理策略）对因变量（用户阅读成效、服务质量）的影响程度。

8.1.3 实验对象

实验对象的选择不仅对所收集数据和数据的真实有效性有重要影响,还对实验结果有着决定性影响。因此,在选择实验对象时,要确保参与用户的个人特征无统计学意义上的差异。为了有效保障实验量化数据与质性资料的准确性与代表性,本实验在选用研究对象时采用了目的抽样(purposive sampling)和随机抽样(random sampling)相结合的抽样策略。

研究于 2017 年 2 月底到 3 月初在四川师范大学本科学生中随机招募参与实验的志愿者 130 余人。这些志愿者大多来自不同的学院,有着不同的专业背景与成长背景,具备参与阅读活动的意识,有一定的阅读经验与能力,对此项实验感兴趣。为了兼顾参与者的性别、年级、专业比例,采用分层目的抽样的策略,分别选择了 80 名志愿者参与实验。将这 80 名用户随机分为两组,其中对照组男生 13 人,女生 27 人;实验组男生 15 人,女生 25 人。具体用户特征如表 8-1 所示。

表 8-1 参与实验的用户特征

统计变量		类别	样本数	百分比/%	统计变量		类别	样本数	百分比/%
对照组用户 ($N=40$)	性别	男	13	32.50	实验组用户 ($N=40$)	性别	男	15	37.50
		女	27	67.50			女	25	62.50
	年级	大一	3	7.50		年级	大一	6	15.00
		大二	18	45.00			大二	15	37.50
		大三	17	42.50			大三	17	42.50
		大四	2	5.00			大四	2	5.00
	专业领域	文史哲类	19	47.50		专业领域	文史哲学	15	37.50
		理工类	10	25.00			理工类	14	35.00
		经管类	7	17.50			经管类	10	25.00
		艺体类	4	10.00			艺体类	1	2.50

通过对两组用户开展独立样本 T 检验,证明两组成员在实验前阅读动机、认知、能力等方面无显著性差异,较好地消除了两组间人员的差异,使参与用户变量保持恒定。

8.1.4 实验平台

研究采用线上与线下混合推广的模式开展阅读推广。但为了有效地推送资源,监督用户的阅读,记录、分析用户的阅读行为与过程,本研究更侧重于线上网络阅读推广。利用"超星云舟"知识空间服务系统作为线上阅读推广平台,要求两组参与用户在此平台上开展阅读资源下载与上传、阅读分享、阅读交流等活动。为了配合线上活动,推广人员在活动需要时,在线下图书馆也开展了相应的阅读讨论、阅读展示等活动。

8.2　阅读推广服务质量管理的实验开展

以"曾国藩"为阅读主题，在平台中提供了大量有关曾国藩的书籍、文章、视频、图片等阅读资料。两组成员此次推广服务中的阅读目标包括：

(1) 阅读曾国藩相关材料，掌握相关知识与概念，了解其个人生平事迹、性格特点、学术著作、政治成就、军事贡献等，罗列其思想观点。

(2) 论述相关的基本问题，包括哲学观、教育观、政治观及这些观点在当前新环境下的运用与创新。

(3) 举例说明曾国藩爱国精神的表现形式及其局限性。

(4) 用曾国藩的相关观点去看世界，有怎样的启示？

(5) 通过与同时期人物进行比较，正确评价曾国藩在近代文化、近代历史中的重要作用。

(6) 设计、创作阅读报告、阅读反思、阅读图表等相关作品，并在全组范围内进行展示。

由于阅读推广服务质量涉及对人员的管理及对服务流程的管理，因此，在实验开展的过程中，针对实验组的用户，在这两个方面进行了质量管理。

8.2.1　用户及推广人员的管理

在推广服务实验正式开始前一个月，首先，利用个人独立学习与同伴互助的形式，要求参与的推广人员及志愿者就新的推广理念、思想、服务方式进行探讨与学习，提升推广人员与志愿者对推广活动的认识。其后，要求推广人员与志愿者在一定程度上掌握数据收集、统计与分析的方法，学会如何正确开展沟通、处理突发状况，学会有效干预与提供指导的方法，并熟练使用"超星云舟"平台的相关模块，极大地提升服务人员的阅读推广能力。

在实验正式开展前，推广人员利用平台积极开展用户关系管理，对参与实验组的 40 名用户就阅读状况开展问卷调查分析；收集用户在图书馆的查询记录、借阅数据，用户在图书馆微信公众号的留言，在易班、微博等平台的阅读文本及阅读评论，汇总用户的阅读数据，建立用户关系管理数据库，便于后期在服务推广过程中起到决策的作用。其后，利用用户关系管理，将当前我国全民的阅读状况及社会对个体阅读的要求进行宣传，使实验组成员对阅读的重要性与迫切性有深入的认识。利用平台，告知推广活动的服务目标与范围，尽可能消除成员对推广人员的陌生感，使用户与推广人员建立起相互沟通、相互理解、相互尊重的阅读关系，增强用户的信任感，引导他们从心里接受推广的干预与服务。在实验开展过程中，推广人员通过用户关系管理既有效地监控了用户的阅读状态，又同时对用户的阅读给予了指导与支持。最后，推广人员还利用用户关系管理了解用户对阅读满意度的真实反馈，对用户的阅读真实感受有了最直观的了解。

8.2.2 流程的管理

对推广流程的质量管理，则严格按照质量管理模型逐步开展。

1. 推广设计

通过分析用户管理关系所得出的 40 名用户画像，发现实验组用户对人文历史类、社会科学类书籍有着不同的阅读偏好。由于阅读偏好的不同，用户对"曾国藩"的主题阅读有着不同的阅读需求，根据用户的需求与偏好不同，将实验组 40 名用户分为 8 个群组，如图 8-1 所示。要求每个群组根据自身偏好从曾国藩传记、曾国藩家书、曾国藩为人处世智慧、曾国藩家教哲学、曾国藩与湘军、曾国藩与李鸿章等多个不同的角度选择阅读资源开展阅读，完成相应的阅读任务，并在群组间开展阅读成果展示与汇报。

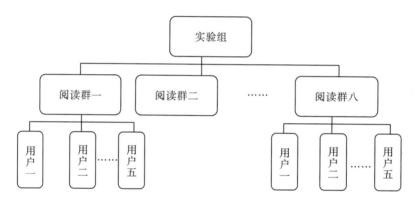

图 8-1　实验组阅读群图

推广人员根据用户的不同阅读偏好推送相关的、不同层次的、不同表现形式的阅读资源。资源的内容包括：与阅读内容"曾国藩"密切相关的纸质书籍、电子书籍、相关图片、讲演视频、研究论文、文章报道等，使用户获取更丰富、更广泛、更贴近真实体验的阅读信息，并明确告诉用户不同阅读资源的难易程度，给出资源选择的相关建议。要求实验组各群组用户根据自身的情况，选择不同层次的资源开展阅读。鼓励用户深度参与阅读资源重组，强调用户在阅读的过程中应不断地将新获取的阅读资源或个人生成的新阅读资源进行共享与展示，扩大群组成员的阅读范围，加深阅读层次。

利用平台中的各个模块，搭建理想的推广环境。这包括：显示用户个人阅读的相关状态；展示同伴阅读的状态，推出每周阅读达人排行榜；提供帮助阅读记忆、扩展、对比、总结的思维工具；提供个人或群体阅读反思、感悟的空间；提供阅读交流、分享、展示、评论的空间；提供个别化支持的服务。

明确阅读活动的组织方式，要求用户通过群组协同合作，完成相关合作讨论、小组调查、情境表演、合作思维、成果分享等不同的阅读任务。在合作阅读中，要求群组对每位用户的角色进行具体分配，保障每一位群组用户都需要为完成共同的阅读任务贡献自己的力量。

此外，在整个推广设计的过程中，强调用户的话语权，从内容选择、活动策划、推广渠道、环境搭建等各个方面都邀请用户参与，让用户对图书馆产生归属感，使图书馆提供的阅读服务更容易满足用户的需求。活动也推动线上线下的阅读整合，形成高度集成、全渠道的阅读体验。

2. 推广实施

推广首先采用线下聚会的方式，邀请用户共同参与阅读"破冰"活动。使群组用户在面对面的认识、介绍、分享、交流中，快速打破阅读群组用户间陌生人的隔阂，加深用户阅读友情与信任，使其愿意参与到群组共同阅读活动中来。在线上阅读结束后，又再次采用线下阅读展示、分享的方式，加深用户阅读的成就感，这种线上与线下相融合的推广方式，为用户提供了全方位的服务体验。

在用户的阅读过程中，推广人员通过平台反馈的阅读行为记录，分析用户的阅读笔记、提问、感悟、评论等内容，了解用户的阅读状态。通过用户关系管理，倾听用户在阅读中所面临的问题与困难，认知用户所经历的阅读过程及阅读体验。在活动开展的第六周到第七周，通过服务监控发现，群组成员的交互行为与交互质量均有所下降，通过与用户积极开展沟通，明确了发生的原因：在活动开展了一段时间后，用户相互熟悉起来，刚认识时的好奇性对话明显减少，另一方面，用户之间没能提出能有效深入开展分享与讨论的话题，交互的层次很浅显，很难吸引人深度参与交互。针对此原因，推广人员与群组中的部分参与积极的用户共同讨论，最终确定了解决方案：群组每天轮流组织讨论，讨论题目自拟，讨论题目需要具有现实性、开放性。以评选每周"讨论之星"的形式，对参与讨论或讨论特别深入的用户进行鼓励。服务的及时改进，很快提升了交互的频率与层次，真正帮助群组成员扩展了阅读渠道，扩宽了阅读范围，加深了阅读程度，使群组成员通过持续、高效的阅读，实现了个人全面的发展。

另一方面，将不同群组的阅读状况及阶段性阅读表现在实验组大组中不定时地展示，通过对其阅读的认同，正向激励其他群组成员深入参与信息查找与共享、讨论与合作，从而营造起浓厚、和谐的集体阅读氛围。此外，推广人员积极开展阅读的支持与引导，帮助用户深入阅读。在阅读中，鼓励群组成员参与群组内与群组间的讨论，就同一问题从不同的阅读视角开展讨论，强调用户认真倾听他人的观点，并及时作出赞成、质疑、感谢、反对等反馈，促进用户更为深入地讨论问题，从而对问题的理解更为透彻。阅读群组间、组内讨论如图 8-2、图 8-3 所示。

图 8-2　阅读群组间讨论

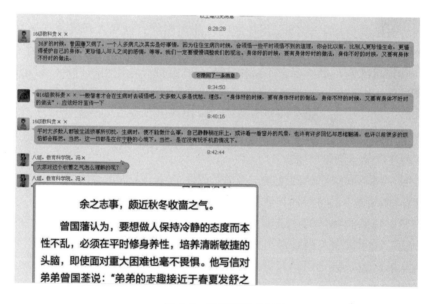

图 8-3　阅读群组内讨论

在任务完成过程中，要求用户共同参与、共同协商完成资源收集与汇总、小组辩论与联想、成果制作、成果展示。鼓励群组制作内容有创新、有内涵、有意义的成果。在阅读成果展示过程中，推广人员鼓励群组使用 PPT、阅读笔记、思维导图、视频等不同的汇报形式在实验组间相互展示阅读成果，推动不同群组间开展相互评论及点赞，促进实验组成员感受到阅读的成就与喜悦，进而强化阅读行为。

3. 推广反馈

对用户的阅读状况进行评估，并将评估正向反馈给用户，一方面，使用户了解自身阅读状态的同时，也清楚地了解其他同伴的阅读状况，从而在对自身的阅读有较为清楚了解的情况下，激发持续长久阅读的兴趣与自信。另一方面，将评估反馈给用户，使用户理解推广人员对阅读的重视与关心，使其认识到阅读的重要性，并产生认同感，为培养良好的阅读习惯奠定心理基础。

8.3　阅读推广服务质量管理的实验结果

为了明确研究提出的阅读推广服务质量管理策略(对人员的管理策略与对流程的管理策略)是否有效地提升了阅读推广服务质量，从用户的视角开展了推广成效对比分析评价。从用户的视角反映推广服务的质量成效需注意：评估的指标体系应充分体现用户参与活动后，其阅读的知识、技能等短期目标及阅读行为态度等长期目标的变化。评价从定量评价与定性评价两个方面开展。

8.3.1　阅读服务的定量评价

对服务成效开展定量评价，即通过采用数学的方法，收集、测量、处理在阅读推广服务质量管理实验中用户的行为变化数据及实验后两组用户获得的阅读认知成就与满意程度数据；对两组数据开展对比，对用户的变化做出定量的价值判断，明确阅读推广服务质量管理策略在实际的阅读推广过程中是否可行、有效。

研究借鉴布鲁姆教学目标分类系统的划分标准(1986)与加涅的学习结果分类(1999)，将阅读推广活动用户获取价值分为用户阅读认知成就、行为变化及情感表现，围绕这三个领域收集数据，开展对比分析。

1. 认知成就分析

阅读推广活动的目标之一是让用户通过阅读获取知识。知识获取是认知结构的组织和重新组织(奥苏伯尔，1994)，是对知识的认识、记忆、理解、分析、应用、综合、评价等从简单认知逐渐发展到复杂认知的多个过程。利用试卷测验的方式对两组成员记忆、理解等较低层次的阅读认知进行测量；利用内容分析法，从侧面观察用户对知识的分析、应用、评价与综合的情况。

推广人员与研究曾国藩历史的专家一同，设计测验卷。考核用户在参与推广活动的这一段时间内对知识的掌握程度。测试内容与推广服务中所推广的内容密切相关，包括曾国藩生平、经历、名言、友人、观点等 10 道选择题，每题计一分，共计十分。这十道选择题结构合理、清晰，由易到难，测量了用户对阅读内容的理解、解释、确认、比较、辨认、概括、总结等的认知能力，可以考察用户对阅读内容掌握的完整性、准确性与拓展性，有利于对用户的认知过程作出价值判断。利用 SPSS 对两组成员的成绩进行独立样本 T 检验（表 8-2、表 8-3），考察用户的阅读质量。

表 8-2 分组统计量

分组	样本数	均值	标准差	均值的标准误
对照组	40	6.0000	1.04447	0.30151
实验组	40	7.2439	0.91598	0.14305

表 8-3 独立样本 T 检验

	方差方程的 Levene 检验		均值方程的 T 检验						
	F	P 值	t	df	P 值（双侧）	均值差值	标准误差值	差分的 95%置信区间 下限	上限
假定方差相等	0.133	0.717	-4.010	51	0.000	-1.24390	0.31022	-1.86669	-0.62111
假定方差不相等			-3.727	16.283	0.002	-1.24390	0.33373	-1.95037	-0.53743

从表 8-2 可以看出，实验组得分均值大于对照组均值。表 8-3 中显示 T 检验中双侧 P 值小于 0.05，表明双组样本的均值有显著性差异。这充分证明："曾国藩"主题阅读中，实验组测试成绩优于对照组，这表明：实验组用户对相关基本知识的记忆与理解显著优于对照组。

在为期十周的阅读时间内，对照组与实验组在平台阅读中产生了大量的发帖、回帖、分享、日记、评论等阅读内容。对呈现的内容开展分析，剔除用户的问候、点赞、资源上传与下载、任务安排、时间管理等发帖，将其中对阅读内容进行了判断、推理、对比、关联、预测、总结、应用、创新的帖子筛选为"有效帖"。为了保障数据的完整性与全面性，"有效帖"不仅包括能够直接看到的词语、图像等，还包括内容中潜藏的、隐含的特定内容。统计相关内容出现的次数，从而客观地、系统地、定量地开展分析，揭示不同信息内容中潜在的用户阅读意向与特征。

将统计结果以周为结点进行对比，横坐标为开展阅读活动的具体时间，纵坐标为产生的有效帖数量，显示两组用户在阅读高阶思维上的差异，如图 8-4 所示。

从图 8-4 可以清晰看出：两组用户在第一周到第四周阅读过程中，产生的高阶思维较少，是阅读的"静待期"。在第五周到第十周时，两组的高阶思维均有所提升，是阅读的"成熟期"。但实验组在高阶段认知思维的提升次数明显高于对照组，这充分表明：实验组成员对阅读内容探索得更为深入、广泛，对阅读内容形成了更多的看法、见解与观点，更有可能获取知识背后丰富的思维价值，获得新的感悟与判断，是一种真正意义上的深度阅读。

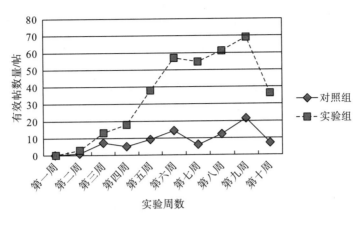

图 8-4　高阶认知对比

2. 行为表现分析

Lewin（2013）认为"行为"是个人在环境中的活动。对行为的评估可以从特定环境刺激引出或增强的行为来判定。因此，研究对"超星云舟"平台中跟踪记录到的用户使用次数（平台将登录、下载、上传、分享、收藏、查询、合作、评论、批注等均记录为一次行为）、阅读平均时长、阅读笔记平均篇数、关注阅读内容、协作人数、评论数量等进行对比，如表 8-4 所示。

表 8-4　双组阅读行为

	人均使用次数/次	人均阅读平均时长/分钟	人均阅读笔记/篇	人均参与讨论次数/次	人均关注阅读内容/篇	人均协作人数/人	人均评论数量/次
对照组	1418	272	0.575	1.875	4.2	1.6	0.45
实验组	9824	1101	4.875	8.3	13.075	5.7	6.475

从表 8-4 中可以得出：实验组个人阅读的各种行为均显著高于对照组成员。这表明，在实验组用户的阅读过程中，适当、高效的推广服务已经激发了其个体进行阅读、维持阅读的内在需求，从而引发、激励了用户持续、频繁的阅读行为，用户阅读的自我管理能力明显增强。

将两组用户行为进行分类统计，如图 8-5、图 8-6 所示。

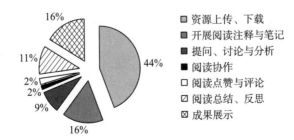

图 8-5　对照组用户行为分析

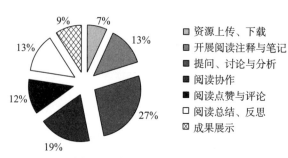

图 8-6　实验组用户行为分析

从图 8-5 可以看出，对照组用户行为中比重最大的是资源上传、下载，其次是开展阅读注释与笔记及成果展示，这三种行为占据用户总行为 76% 的比重。这表明，对照组用户个体独立阅读行为较多，缺乏足够的阅读沟通与交流。

从图 8-6 可以看出，相对于对照组，实验组用户的行为比重更为分散。其中提问、讨论与分析占据最大比重，这表明，用户之间开展了充分的阅读讨论，这极有利于阅读思维的扩展。而阅读协作、阅读点赞与评论的比重均较大，这表明，在实验组用户的阅读过程中，用户间的相互协作、激励成了用户持续交互的有效途径。而在对照组中占比最大的资源上传、下载，在实验组中占比最小，仅为 7%，这是因为，实验组用户更多关注了阅读间的交互行为。

除了用户的阅读个体行为外，阅读群体行为在质量管理服务的干预下，也发生着潜在的变化。在群体行为中，人与人处于沟通互动的过程中，根据人们参与沟通互动的紧密程度，能大致将人群分为：不参与任何沟通交流的观望者；较少表达自己意见与立场的部分回应者；交互意愿强烈，能持续影响他人行为的领袖者。观察记录两组成员开展阅读分享、阅读讨论、反思、任务组织、阅读帮助、阅读点赞与评论等多种互动行为，利用 Ucinet 软件分别对阅读过程中实验组与对照组的群体交互关系数据进行处理，通过社会网络分析法，以社群图的形式综合体现不同小组成员间的交互情况(戴维·诺克和杨松，2012)，如图 8-7、图 8-8 所示。

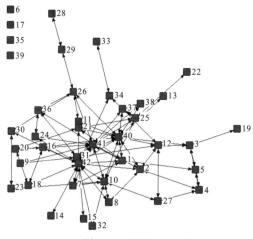

图 8-7　对照组社群图

图 8-8　实验组社群图

如图 8-7 所示，图中方框节点代表每一位用户，线条代表用户之间的交互关系，箭头代表着信息交互的流向。从图中可以看出，6、17、35、39 共计 4 位用户属于旁观者，他们与组内其他用户完全不发生任何形式的阅读交互。大部分用户与他人的交互程度偏低，阅读交互的活跃用户(即领袖人物)较少。其中交互量最大的是 41(推广人员)，这说明，对照组用户的行为多按照推广人员的要求开展，用户是阅读推广者。

从图 8-8 可以看出，实验组成员中不存在没有发生任何交互行为的观望者，且成员间串联长度与重叠程度较大，形成的小团体和领袖人物均远优于对照组，这充分说明：相较于对照组，实验组具有相当完整的结构和良好的沟通网络，成员之间的关系更为融洽，成员之间形成了丰富、有效的阅读交流，群体知识传播与分享的速度更快。这种阅读方式一方面有利于知识在交流中重组，在共享中倍增，实现用户个体深度阅读，另一方面，更有利于激荡出无穷的集体智慧，真正实现阅读共同体的深层次内涵。而交互较多的除了 41 号推广人员，还有很多普通阅读用户，这表明，实验组中更多的交互、合作都由用户自主开展，阅读已经实现了"以用户为中心的"阅读。

3. 情感满意度测评

阅读推广质量管理成效评估还需要注重对用户的精神满足。满足感是一种心理情感状态，能使内心安定与喜悦。当用户在阅读推广过程中获得情感满足，就会在这种情感的熏陶下从内心深处激发阅读的兴趣，从而调动阅读的能动性和积极性，树立起阅读的正确价值观，支撑将来持久阅读的深度与宽度，这是激励用户开展阅读行为的关键，是培养用户良好阅读习惯的核心。

本研究拟通过问卷调查，测评参与活动的用户的阅读情感满意度。在该问卷调查设计之前，一方面，收集整理了用户相关情感的问卷与量表。在大量的文献梳理中，借鉴了 Watson 等(1988)积极与消极情感量表、戴忠恒(1992)情感目标的分类方法及卢家楣(2015)情感目标分类体系，列举出可以代表用户真实体验的维度。另一方面，通过征询相关阅读推广专家、人员、志愿者、用户的意见，收集他们对用户阅读推广服务体验的看法。通过两方面的归纳、整合，整理出用户情感体验量表，如表 8-5 所示。该量表主要适用于考察用户在参与阅读推广时，其阅读体验的类型、维度与程度。量表将阅读过程中用户的真实感受细化为自身需求匹配、阅读价值、兴趣激发、观念塑造、情感获取等 5 个类型 15 项心理满足指标。

表 8-5　用户心理满意度测评指标及信、效度分析

评估内容(一级维度)	具体评估问题(二级维度)	因子载荷	可信度
自身需求匹配	阅读资源的满意度	0.919	0.856
	阅读环境的满意度		0.881
	服务方法的满意度		0.914
阅读价值	阅读知识增长满意度	0.876	0.784
	阅读思维的发散与扩展满意度		0.832
	阅读中信息获取、加工、管理能力的提升满意度		0.845
	阅读中表达、交流、总结、评论等能力的提升满意度		0.885
兴趣激发	再次参与行为	0.892	0.797
	向他人宣传、推荐的行为		0.822
	积极参与阅读设计、实施、评价的行为		0.874
观念塑造	阅读过程中的协作意识	0.931	0.841
	阅读过程中的助他意识		0.872
	阅读过程中的交流意识		0.921
情感获取	活动参与中的归属感	0.857	0.914
	活动参与中的成就感		0.817

　　自身需求匹配，即服务商提供的服务要能有效满足用户需求，才能使用户满意，从而与组织保持长期的关系而不会产生流失行为(Anderson and Sullivan，1993)。用户满意度低时，会导致产生阅读抱怨和投诉。因此，阅读推广服务要使用户感到满意，从而使其乐于沉浸于活动中。使用户感受到自身的需求得到了满足，这是有效服务的底线。

　　阅读推广通过创造、沟通与传送相关阅读价值给用户，使用户体验到服务的品质。用户感知的价值越多，满意度就越高。对于阅读用户来讲，阅读价值是用户在权衡其阅读付出与阅读收获的基础上，对服务效用的总体评价，是对自身阅读状态进行改善形成的无形价值，其具体表现为知识、经验、思维、技能等方面的提升。

　　用户在获取了情感满意后，会产生意向性与行为性的忠诚。阅读推广服务品质的提升，不仅会使用户获得情感满意，更会在情感的驱动下，引导用户产生并维持兴趣，这具体包括用户的再次参与行为、深度参与行为与宣传、推荐行为等。

　　当用户在阅读推广过程中对阅读服务感到满足时，就会在心理上对阅读组织产生认同，其表现在行为方面，即前面提出的行为性的忠诚。而表现在态度层面，则呈现出用户

相信、认同且接受图书馆提倡的个人阅读理念、价值观，并积极内化其理论与价值观，产生个人观念的变化。此次推广服务中提出的个人阅读观念包括：阅读的交流意识、助他意识、协作意识。

阅读是一种用户内在的体验经历。因此，判定用户的阅读行为是否成功的依据还包括用户在阅读过程中是否获得了愉悦的感受。在阅读过程中，用户是否感到舒适、安全，是否获取了成功阅读、实现了自我、受到了尊重与肯定是判定用户情感获取的重要标准之一。因此，用户满意度测评指标还应包括用户在阅读中生成的归属感与成就感。

问卷利用李斯特五级层次性量表，对涉及的满意度从高到低进行赋值，从不同侧面分别收集用户满意度的感受数值。

当初始问卷制作完成后，通过对 10 名用户开展预调查，征询其对问卷相关选项、语义、表述等方面的建议与意见，对问卷不易理解或语义不明的题项进行了修改与删除，合并了内容近似的题项，从而确定正式测量问卷。

由于问卷属于自编问题，这就必须对问卷调查进行信、效度检验，从而保障数据可信可靠，见表 8-5。问卷的各项维度 Cronbach's α 系数均大于信度评判标准，说明该问卷信度较高，数据具有较高的可靠性。采用主成分分析法和方差极大法旋转，得出变量各题项的因子载荷均在 0.6 以上，表明量表具有较好的结构效度，问卷测量项合理有效。

在实验结束后，通过问卷星网络平台分发与收集问卷，对回收的 80 份问卷进行分类筛选。由于参与填写问卷的用户均为参与实验的用户，因此，回收的 80 份问卷均回答完整，且对每一测评标准给出的分值符合逻辑。因此，认定回收的 80 份问卷为有效问卷，回收率为 100%。

将对照组与实验组的满意度数据进行对比，如图 8-9 所示。

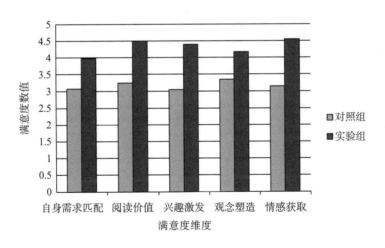

图 8-9　双组心理满意度对比

从图 8-9 中可以看出，在情感获取方面，两组的数据差距最大，这证明通过服务质量管理，用户更容易在内心深处实现阅读的归属感与成就感。一方面，阅读行为被群体中其他人所接纳及尊重，将更好地促进用户个体对阅读行为的自我认同，而服务质量管理提倡的阅读互动，更容易使用户在阅读中获取他人的帮助，消除或减少阅读的孤独感，使用户更乐于维系阅读行为。另一方面，阅读行为被群体中其他人所赞美与评价，更容易化解部分用户在阅读过程中存在的阅读枯燥感，给他们带来积极愉悦的情绪体验，保持阅读的激情，不断阅读，不断提升。

用户需求的满足是服务工作的核心。实验组用户需求匹配数据的明显提升表明：运用阅读推广质量管理策略，能全面洞察用户潜在的阅读需求与期望，提供符合用户期望的阅读内容、活动和支持环境，使推广服务与用户需求实现无缝集成，从而赢得用户信赖，促进用户获取更深刻的阅读体验。

此外，两组在阅读价值、兴趣激发、观念塑造这三个方面的数据差异也表明，阅读推广质量管理策略的运用使用户真切感知到了自身获得的阅读服务价值，在内心深处建立起阅读先进理念，并且在服务结束后，对阅读服务产生信任与信赖，愿意更多、更频繁参与后续相关活动，并愿意推荐给自己的亲朋好友，传播有利于图书馆发展的相关信息，使图书馆在后期的服务过程中，能降低宣传成本，获取更大的成效。

满意度指数是用户对产品或服务质量的评价指标。对比两组用户的整体满意度，对 5 个维度计算加权系数，利用加权平均的方法计算满意度指数，其公式为

$$CSI = \sum_{i=1}^{n} w_i a_i$$

式中，CSI——用户满意度指数；

      w_i——第 i 项指标的加权系数；

      a_i——用户对第 i 项指标的评价。

在表 8-6 中，将各维度的满意度平均分值转化为百分制形式，得到用户对各项的评价分值，运用各项评价分值除以总评价分值得到各项加权系数，通过运用满意度指数公式，得出对照组用户满意度指数为：63.57871。这表明，从对照组用户的角度来讲，其阅读满意程度不高，对对照组采用的阅读推广方法还存在着一定问题。

表 8-6   计算对照组满意度指数

维度	满意度分值	评价	加权系数/%	加权值/%
需求匹配	3.075	61.5	19.370	11.91255
阅读价值	3.25	65	20.472	13.30680
兴趣激发	3.05	61	19.213	11.71993
观念塑造	3.35	67	21.102	14.13834
情感获取	3.15	63	19.843	12.50109
满意度指数				63.57871

从表 8-7 中可以看出实验组阅读用户满意度指数为 87.051。这表明，运用阅读推广质量管理策略，用户的阅读满意度较高，且对比对照组满意度指数有较大的提升。这充分证明在实验组阅读过程中运用的质量管理策略有效、可行。

表 8-7　计算实验组满意度指数

维度	满意度分值	评价	加权系数/%	加权值/%
需求匹配	3.98	79.6	18.336	14.596
阅读价值	4.5	90	20.733	18.659
兴趣激发	4.5	90	20.733	18.659
观念塑造	4.175	83.5	19.235	16.061
情感获取	4.55	91	20.963	19.076
满意度指数				87.051

8.3.2　阅读服务的定性评价

对阅读推广服务开展定性评价是通过综合、比较与分类、归纳和演绎等方式，对服务中所获得的资料进行加工与评判。定性评价是对推广过程中相关问题的深度描述，具有实用意义，是对量化评价的有益补充。

实验通过对用户产生的阅读笔记与反思报告、半结构访谈等内容定性分析，开展定性评价。其中，参与半结构访谈的用户共 20 名，实验组与对照组用户各 10 名；提交了阅读笔记与反思报告的用户共 43 名，其中实验组 36 名，对照组 7 名。

由于阅读笔记与反思报告全部上传到"超星云舟"平台上，因此，对资料的整理只需要在理解用户本意的基础上，逐字逐句对原始资料进行主题标注，通过分析与判别，对用户在参与阅读过程中思想、情感的发展过程、规律及其意向、特征等做出归纳与总结。对半结构访谈则在获取了用户同意的基础上，采用现场录音的方式记录访谈内容。在访谈过程中，不断使用追问、反问、重复、重组、总结等访谈技术，使所得到的原始资料真实、全面、准确反映用户想要表达的观点、态度、理解和认识。其后将录音材料转录成文字资料，用于资料保存与后期分析。

通过对阅读笔记、反思报告、访谈记录开展分析，可以得出：在实验组中运用阅读服务质量管理策略对用户产生了积极的影响。

（1）让用户通过阅读的"抽丝剥茧"，真正经历阅读探究的过程，从而有助于提升自身能力，帮助用户在阅读中实现自我发展。

观察、记录用户的整个阅读过程可以发现：通过用户关系管理、分类选择阅读资源、合作阅读等策略，实验组用户在提出问题、自主进行探究、充分表达自己的想法等方面表现更为强劲，对相关的观点与理念有着更深刻的认识与理解，他们更善于思考、交流。由于深入的交流与探讨，实验组用户在考虑问题时关注了问题的复杂性与变化性，这使他们在解答问题时更为具体、全面与完整。此外，实验组用户能及时归纳、总结所讨论交流的问题，将所得结论积极联系现实生活，讨论其可用性与局限性，真正将阅读活动引向纵深，实现以阅读为引领，达成个体全面自我发展的目的。

实验组一群的杨同学提出此次阅读除了扩展了阅读视野外，还提高了其利用思维导图记笔记、开展阅读思考等阅读技能。

活动感悟

这次阅读活动的主题是"曾国藩"，如果没有这次活动，大学四年我应该都不会去看有关曾国藩的书籍，是这次活动让我接触到了曾国藩。这次活动扩展了我的阅读面和阅读兴趣。在本次活动中我收获最大的一点就是，用思维导图的方式写读书笔记，在之前的阅读中，我总会出现看到中途，或者是将整本书看完了，却没有理清楚书中的人物关系，或者是作者究竟是在表达什么的情况。用思维导图后就会清楚很多，对书籍内容的理解也会更加深刻。

同学之间的讨论也让我有些收获。在讨论曾国藩的交友理论时，曾国藩提出的"八交九不交"，我认为很有道理，但是当同伴提出，如果一个人有曾国藩"八交"中的一些特点，又有"九不交"中的一些特点时，那这个人是交还是不交呢？我一时无法回答。我突然觉得自己很不会看书，在看书的时候，我都是循着作者个人的观点去的，很少会自己真正地思考，提出自己的观点和看法。我体会到了看书一定要思考，思考真的很重要。

……

实验组六群的陈同学在"超星云舟"平台中记录下这样一段阅读后的反思，这段反思既提及阅读"曾国藩"相关资源后对"失败"的深入理解与感悟，又联系自身的现实生活，指出应怎样做才能避免"失败"。

失败的反思

古来言凶德致败者约有二端：曰长傲，曰多言。这句话给我较为深刻的反思，自己在以为有充分的把握可以考好的时候反而比没把握的时候考得差，就是因为自己没有把握的时候更加严谨。傲的人分为两种，一是自不知其不知，二是自知其知。无论是哪一种人，只要体现出一个傲字，就会让人觉得你在显摆，在自夸。同时，傲会阻挡你进步，你会觉得自己已经很能干了，没有什么需要学习或者放慢学习的脚步。这是很可怕的。至于多言，成功的人需要有长的耳朵和短的舌头，有时候善于倾听可能比自己一个人滔滔不绝更为重要。多言的人一般都急于表现自己，认为自己说的很有价值，事实上，只有当别人喜欢听你说话并有相关回应的时候你的讲话才有意义。当你不知道自己应该怎么说、说什么的时候，或许听别人说更好。现实世界中有很多可以这样说那样说的夸夸其谈者，但是善于倾听的人却很少很少。之前看网课的时候老师讲到，最最聪明的人是起到一个"联"的作用，即当别人说话的时候，你认真听，并给出点头等回应，当没有人站出来说的时候你又可以挑起话题，这样的人才是在谈话中最重要的人。而我自己也在努力，希望自己可以成为这样的人。

实验组一群的单同学，在理解"命可改，惟有自己改"这句曾国藩的名言时提出了自己深刻的认识与观点，并以此为启示，提出自己今后应该完善与修正的地方，实现了阅读促进个体全面发展的真正意义。

曾国藩名言的个人理解

"命可改，惟有自己改。"用什么来改？用学习来改，但先决条件是要学对。我们很多人有的毛病，曾国藩曾经也都有过，但关键是后来他自己改了，这才厉害。一个人最了不起的不是说"我天赋异禀，我有什么好的遗传"，而是说"我不管怎样，都要把自己变得越来越好"，这才是最大的修炼。看到这几句话，结合最近学习的经历，我觉得我们有时候忘了自己并非天生的聪明绝顶，无论谁都要学，可能学的东西不同，但是都逃不过。拿我自己举个例子，我从小到现在字一直写得不好，最近一直坚持每天练两篇钢笔字、两张粉笔字板书，练着练着感觉到原来写字是有很多窍门的，虽然一如既往地感觉字还是丑，但是我慢慢地习惯了每天练字，这个习惯我要一直坚持下去，不管结果怎样，只希望我以后记得我曾努力过。谨以此篇献给需要改变的我们，让我们一起让自己变得更好。

(2)用户通过互动性的阅读合作与支持，深入挖掘阅读内容的核心，对知识进行再认识，增强阅读的技能与自信。同时，合作阅读的方式，使群体对个体的阅读习惯、行为、风格都起到了积极的影响。

在互动性的合作阅读中，用户在与群组同伴交流的过程中从更多层面与视角获取到了更多相关"曾国藩"的知识，扩展了阅读的视野，并完善了自身的知识结构，使知识之间的联系紧密起来，实现了用户阅读的"广度"与"深度"。在开展合作阅读时，民主、平等、和谐的阅读氛围，使群组中用户的阅读思想和观点可以求同存异，用户可以通过协作、讨论等阅读互动方式，大胆地向他人倾诉自己阅读的情感与领悟，同时也能感受到别人阅读的激动与振奋，这不仅能有效消除用户遇到阅读问题时的无奈与焦虑，更为重要的是，为用户建立起阅读的归属感，使用户在归属感需求的驱动下，主动模仿群体同伴的积极阅读行为，使自己的阅读行为尽可能与同伴较好的行为保持一致，实现行为的正向影响。

实验组二群的汪同学在成果展示时，对团队互动合作阅读有着这样一段陈述：

不知不觉中，这个活动就要结束了。这段时间还是有比较大的收获。

首先，非常感谢图书馆能够开展这个活动，能够让我们遇到一群有着相同读书兴趣爱好的小伙伴们，小组讨论阅读也让我受益匪浅。大家互相讨论，情谊匪浅。其次，读书过程中，我们也遭遇过困难，手机阅读的不易，阅读过程被打断，特别是在开展群组成果制作的过程中，我们的朗读作品《曾国藩家训》遇到了重重困难，大家比较气馁，不过，幸好在彼此的相互打气、相互帮助中，我们克服了困难，顺利达成了预定目标。

……

总的来说，这次活动还是比较有意义的，希望下次还能参与其中！

从该同学的描述中可以看出：团队互动合作阅读，既给用户的阅读带来了情感的体验，更使用户之间形成一股强大的合力，增强了阅读的自信心、进取心，使其能积极主动迎接挑战，进行有效持续的阅读。

实验组三群的陈同学对合作阅读有着这样的体验：

一个月的读书活动就要结束了，我觉得我最大的收获不仅仅在于有了读书的习惯，还在于有了一群能吃饭的小伙伴。希望以后也可以一起玩，一起吃，一起阅读。其实读书一直都是我的爱好，可是这学期课比较多，自己没有计划，也没有去挤时间，活动刚开展时我就读不下去了，但看到小组群中大家都热火朝天地讨论、分享，哈哈，我也不好意思偷懒。感谢这样的合作读书活动，让我收获知识的同时，养成了读书的习惯。

(3)用户深度参与推广决策、设计，使用户更能深刻体验到"以用户为中心""自定步调"的阅读，获得了愉悦的阅读体验，提升了阅读满意度。

服务通过用户关系管理及用户画像分析，真正意义上了解了用户的阅读需求及其重要性。在设计阅读服务时，不断地与用户开展沟通与交流，掌握用户在获取服务时的感受，了解适合用户的个性化、差异化推广方法，根据用户的反馈及时优化、改善服务，从而使服务质量精益求精，更好地推动用户专注、沉浸于阅读。另外，用户深度参与设计、改进，使用户感受到自身的付出被尊重、被认可，这能为用户的深度参与带来极强的自信心，从而为用户的阅读带来增倍的积极体验。

实验组七群的熊同学在最后的阅读访谈中，谈及了阅读过程中的收获与体会，其访谈原话如下：

在整个阅读中轻松惬意，我可以自行选择阅读内容、自行安排阅读时间，通过群组间的相互讨论更是了解了更多关于曾国藩的知识。我得感谢这次读书活动，如果没有参加，我可能不会去接触曾国藩这类名人的解读。对于我来说，提起曾国藩只能想到洋务运动。而现在读了家书，还了解了其个人的历史与哲学思想，我能更深入地了解到曾国藩的生活、想法和为人处世。

我认为活动最大的亮点在于它及时采纳了我们的意见，从最初阅读内容主题的确定，到小组阅读方向与展示内容的自由选择。阅读过程中，我们提出平台交流不方便，阅读时间与分享时间不够等问题，都得到了快速的回应及解决，特别是图书馆张老师让我们参与组织群组间的课题讨论与成果展示，更是让我们过了一把阅读活动主持人的瘾。

总体说来，我个人非常满意这次阅读活动，真的很有意义。

从熊同学的这段访谈可以知道，此次阅读服务尊重用户个体，以用户为中心的服务宗旨，也表达出了用户深度参与阅读设计、实施时的愉悦心情。

实验组五群的张同学在访谈中表达出了用户在参与推广策划、实施时的成就感。

……

这是一次挺有意思的活动。在平台中，我们自己执行阅读规则、自己记录、自己衡量、评价阅读成效。我们自己组织发起的讨论话题，引起了大家的共鸣，还有同伴在朋友圈转发。活动加深了大家的关系，这是一个很好的展示自己的机会，也是一个得到他人关注与支持的机会。

我感到我自己的投入受到了重视，个人的能力也得到了信任，我有一种在阅读中帮助他人的幸福感。感谢图书馆老师给我们提供的此次阅读服务。大大地点赞。

……

8.4 阅读推广服务质量管理实验讨论

通过对实验效果开展定量与定性的分析，研究从综合全面的角度对基于用户满意度视角的阅读推广服务质量管理作出了价值判断。

(1)在阅读推广过程中运用服务质量管理策略(自变量)，能切实提升用户的阅读认知(因变量)。

　　服务质量管理策略在推广过程中的运用，首先，使用户对阅读的资源有了选择的权限，用户可以根据自身的阅读兴趣与需求，在规定的范围内，选择自己感兴趣的阅读材料开展阅读，这有利于点燃用户的阅读激情，激发阅读的内在力量，促进用户在阅读过程中充分深入阅读资源，实现用户阅读的博观而约取，厚积而薄发，推动了用户阅读认知效果的全面提升。其次，服务质量管理策略的运用，提供了丰富的阅读资源与良好的阅读支持，它能帮助用户在实现个体自主阅读和协作阅读的基础上，正确理解、记忆阅读内容；在反思阅读的过程中，不断开展归纳、总结，将阅读的内容主动转化为实践运用，实现了用户对知识深入透彻的掌握，使用户具备了将资源转化为知识的能力，丰富完善了用户个人的知识结构与体系，促进了用户的认知发展。再次，服务质量管理策略的运用，搭建了互帮互助的阅读环境，使用户对各自的见解进行分享与交流，拓展了知识来源的深度和广度，更是使用户通过讨论与交流，在思想激荡中将孤立、片面的知识整合起来，产生新的智慧，为用户的知识突破与创新提供了条件。

　　(2)在阅读推广过程中运用服务质量管理策略(自变量)，能切实提升用户的阅读技能(因变量)。

　　服务质量管理策略在推广过程中的运用，重构了用户阅读的过程，它有效提升了用户阅读的自主管理能力、交互协作能力。推广服务创造了一个有目的、有计划的引导与促成用户自我管理的阅读环境。通过明确阅读目标，让用户拥有了自我管理的意识；利用阅读任务，使用户自觉制订阅读计划表，在任务完成与公开评估的驱动下，促进用户规范阅读行为，实现自我约束，自觉遵守时间完成任务。阅读平台中提供用户阅读记录与成果，是一种阅读榜样，它有着较强的感染力和说服力，能使用户个人对比他人行为，反思自身管理的不足，从而激励与规范阅读行为，提升了用户的自我管理能力，实现了阅读的自律性。管理策略的有效运用，也为用户共同交流协作、反思实践、分享讨论提供了平台。在这个过程中，用户能学会如何与他人开展有效的沟通与交流，如何在阅读过程中学会相互欣赏、相互信任，在合作中实现相互监督、相互配合、相互评价、相互支持，真正实现了个人阅读能力的有效提升。

　　(3)在阅读推广过程中运用服务质量管理策略(自变量)，能深化用户的阅读情感(因变量)。

　　服务质量管理策略在推广过程中的运用，满足了用户阅读的需求，甚至超越了用户阅读的需求，使用户从内心深处认同推广服务工作，进而正面影响用户的阅读情绪与行为，帮助用户培养起深入阅读、持久阅读的正确习惯。其次，在用户相互交流、相互合作的过程中，能获取他人的阅读帮助与支持，这能使用户增强面对阅读挫折与困难的勇气，坚持开展阅读；在彼此感想、成果的分享与展示中，能从他人的评价中获得肯定与赞美，这深化了用户阅读成就感，实现了情绪与精神上的愉悦感，进而促进用户改变过去将阅读当成一种任务、一种负担的意识，认识到阅读对于个人的生存与发展、价值提升的重要作用，从被动地"要求读"转变为"主动读"，使阅读成为日常生活学习中重要的组成部分，强化了终身阅读的态度与信念。此外，用户深度参与阅读设计、实施、反馈等环节，更是给予了用户强烈的阅读归属感，这种独特性的体验，激励了用户参与服务的意愿，既提升了用户的服务能力，更提升了用户心理层面对服务的满意程度。

综上所述，前期研究所提出的管理策略具有可行性与有效性，能为用户实现个体的全面成长与终身发展奠定坚实基础，同时也为优化推广服务流程、提升服务质量提供了具体的参考。

8.5　本 章 小 结

本章详细阐述了研究过程，组织 80 名志愿者用户参与双组对照阅读推广服务质量管理实验。实验在"超星云舟"阅读平台上开展，在实验中充分运用了前期所提出的推广服务人员角色的管理方法，并严格按照服务质量管理模型开展服务。实验结束后，通过观察、记录、问卷收集两组成员阅读认知、阅读行为、阅读情感的变化，结合多角度、多层次的量化评估与定性评价，论证了实验组成员在阅读认知、行为、情感三个方面的表现均显著优于对照组成员，有效验证了推广质量管理策略的有效性及可行性，为优化推广服务流程、提升服务质量提供了具体的借鉴与参考。

第9章 总 结

9.1 研 究 结 论

研究以管理领域的顾客需求理论、顾客满意度理论、质量管理理论为指导，采用文献研究法、实证研究法、问卷调查法、访谈法、内容分析法等多种研究方法，针对阅读在服务中如何通过提高用户的满意度实现服务质量提升这一主题，围绕四个层面进行探索。

(1)对管理理论中质量管理、用户满意度、用户需求与期望、用户体验等相关概念与理论进行梳理。研究指出了用户需求、期望、体验与用户满意度的关系及服务质量与用户满意度的相关关系，明确了用户满意度是用户对服务的满意状况，用户满意度能准确反映服务水平与质量的优劣，是服务质量改进的重要依据。在此理论基础上提出：改进阅读推广服务质量的有效途径是大力提升用户满意度。

(2)利用因子分析、相关分析、结构方程模型等多种方法，论证了用户阅读满意度的影响因素及用户满意度与阅读行为、参与行为等的相关关系，明确了阅读推广过程中的关键因素，从而明确了增强用户阅读满意度的途径，为开展阅读推广服务质量管理提供了可行的策略与方法。

(3)根据用户阅读满意度的影响因素，借鉴已有的研究理论，对阅读推广服务中的人员及推广流程两个方面开展质量管理。在对人员的管理中，提出对用户开展用户关系管理，对推广人员开展服务理念及能力管理，对志愿者开展激励管理。在对推广流程的管理中，构建了阅读推广质量管理模型，为推广服务的科学化、规范化起到了参考作用。

(4)在具体的阅读推广服务中，运用质量管理模型开展实证研究。通过对两组学生分别按传统推广方法和质量管理方法开展对比阅读推广实验，对学生参与阅读活动后的阅读认知、行为、态度进行测量与对比分析，论证质量管理策略的有效性与可行性。

通过上述一系列理论分析与调查研究，并在真实的阅读推广服务中开展阅读推广服务质量管理实证研究，得出以下研究结论。

(1)阅读推广服务质量影响用户满意度及其后期行为。

根据对管理理论的分析与梳理，结合对阅读推广服务质量、用户满意度、用户需求等层面的理论综述，研究提出：阅读推广服务质量是否满足了用户的需求，用户是否认可、赞美服务质量，将影响用户阅读满意度及后期再次参与、宣传推广等行为。

(2)阅读推广服务中，推广的内容、环境、方式及人员态度与能力均会影响用户的阅读满意度。

通过开展用户访谈与问卷调查研究，探索了影响用户满意度的推广因素(外在因素)。

通过因子分析显示："推广设计""推广人员态度与技能""阅读反馈"是推广过程中影响用户满意度的三项重要因素。要提升阅读推广的服务质量与用户满意度，需要不断对这三个因素开展改善与优化。

用户的需求、用户阅读的交互行为、用户活动的参与行为均会影响用户满意度。对用户阅读需求的分析，分别从用户与推广人员的视角出发，对比研究双方对需求重要性的理解，证明用户需求的"重要性"与用户满意度的相关关系，强调了有效分析用户需求是增加用户满意度的有效途径，并提出：推广人员与用户对阅读需求的"理念增强""协同支持""情感认同""认知技能"四个维度的重要性的认识存在较大的"理解缺口"。对用户阅读交互行为的分析中得出：阅读交互行为对用户阅读满意度有着正向直接影响，且阅读交互行为通过用户参与、信任关系对用户满意度产生间接影响，其中，信任关系的中介作用更强。在阅读交互的具体行为中：分享和合作与认知满意度相关性较强，分享和评价与情感满意度的相关性较强，而分享与意向满意度的相关性最强。对用户活动的参与行为分析中得出：用户参与的三个维度对用户满意度呈正向影响，其中合作共建是影响满意度的关键驱动因素，人际互动的影响程度次之，而信息分享对满意度影响程度最小。对于用户参与及其后期行为，用户满意度起到了重要的"中介"效应，用户参与则对用户后期行为有着间接影响。

（3）提升阅读推广服务质量，应着重提升用户阅读满意度，具体表现为对参与人员与流程的管理。

提升阅读推广服务质量，应依据影响用户阅读满意度的因素，从提升用户满意度开始。根据前期结论，研究提出：开展阅读推广服务质量管理应重视阅读参与人员的管理及流程管理。

通过开展用户关系管理，一方面，了解用户对阅读的认知、态度、技能及其背后所蕴含的心理规律，准确掌握用户的多元阅读需求及期望、阅读偏好行为，从而为推广组织工作提供针对性的决策依据；另一方面，及时掌握用户在参与阅读过程中的反馈状态，使推广人员能快速找到推广过程中存在的问题与漏洞，评估并判别出问题的关键所在，根据不同的情况，开展差异化的推广改进与优化，有效提升阅读推广的质量与用户满意度。

对推广人员的管理，需要注重建立推广人员"阅读推广"的职业情感，重视推广人员的能力发展，制订科学、合理的推广考核标准，创建高绩效的推广团队。对志愿者的管理则需要开展志愿者培训管理、激励管理及融合性管理。

对推广流程的管理，需要重视服务的前期管理、设计管理、过程管理、改进管理四个方面。推广前期管理即从用户的视角，准确地理解用户的需求，从而使推广组织工作正确制订合适的推广目标。推广的设计管理关注解决用户"读什么""怎么读""在哪读"三个维度的问题。推广的过程管理主要保障用户参与阅读的效果与质量。而推广的改进管理旨在通过对整个服务流程进行调整、修改与完善，使推广服务的理念方法和工作步骤更加系统化、规范化和条理化，从而推动推广组织能更高效地提供高品质的阅读推广服务，实现阅读推广服务质量有效提升。

9.2　推广服务建议

任何真正有价值的理论都是对时代凸显问题的深度反思,更是对问题的有效解决。本研究对用户满意度视角下的阅读推广服务质量管理进行了探索,相关的研究结果是对质量管理理论及用户满意度理论的拓展与补充,但本研究最重要的目的之一是为图书馆阅读推广服务实践提供借鉴与参考。因此,基于研究的主要结论,结合当前图书馆阅读推广服务的现实需求,现对阅读推广服务提出四个方面的建议。

(1)建立更加完善的活动质量评估体系,关注用户阅读满意度的有效测评,增强推广服务质量评估的有效性。

阅读推广是通过开展具体的阅读活动,从而积极影响用户个体认知、行为与情感的一项服务。这项活动既包括有意义的阅读过程,也包括有价值的服务结果。当前我国的阅读推广服务较为重视阅读过程:各式各样的活动安排、丰富多彩的阅读内容、多样创新的服务手段……而对服务结果较为轻视,长此以往,导致推广形式泛滥而丧失价值意义,因此,开展阅读推广服务质量评估已迫在眉睫,应通过评估了解服务的优劣程度,避免"高投入、低效率"的服务状态发生。

在评估中应重点关注用户对服务的满意度测评。这是由于一方面阅读推广服务是"以用户为中心"的活动,其评判质量的核心在于是否满足了用户的需求,得到了用户的认可;另一方面,服务质量决定用户满意度,而用户满意度决定用户后期推广宣传行为与再次参与行为。因此,在开展阅读推广服务实践的过程中,应建立更加完善的活动质量评估体系,通过行之有效的技术手段,客观测量用户在参与活动中认知、行为、情感的满意度,了解在整个推广服务的过程中,用户的学习认知、动态行为与情感变化,从而真实掌握阅读推广服务真实的质量水平与服务存在的问题,积极改进,提升用户满意度,持续提升推广服务质量,增强阅读服务内涵。

(2)通过培训,提升推广服务人员的推广理念与能力。

研究证明,一线推广服务人员的工作理念与能力对阅读推广服务质量管理工作具有重要影响。随着信息技术日新月异的发展,大量新知识与新技术不断涌现,用户的阅读需求与习惯也因此而发生着重大改变。面对用户阅读的新要求,推广服务人员(推广人员与志愿者)应怎样顺应时代发展的要求,提供与用户需求相匹配的服务,成为推广服务过程中的一项重要工作。

在实际的推广服务中,图书馆必须重视对推广服务人员效率和效能的测评,了解相关人员对推广理念与相关需求的分析技能、阅读内容整合技能、服务流程开展技能等的掌握与运用情况,为后期推广组织确定是否对人员开展培训、开展什么样类型的培训提供依据。

当确定对服务人员开展培训时,图书馆应注意无论是开展专题学习、推广诊断、学术论坛、经验分享中哪一类型的培训,都应注重将先进的服务理念与现代化的服务方式推送给服务人员,为推广人员知识更新、素质提高、能力创新提供有力保障。在理念培训方面,应帮助服务人员树立"以用户为中心"的服务理念，在服务中树立热情耐心、积极主动的服务观点，通过良好的态度，使用户感到亲切可信，提升满意度。关心服务人员的工作状态和情绪，疏导不良服务情绪，提升服务态度。在技能培训中首先应关注对人际沟通技巧的提升，通过深入的沟通，从而更全面、综合地掌握用户的阅读信息。其次，培训中应关注提升服务人员的分析能力，通过对服务人员观察能力、理解能力的培训，使服务人员能在错综复杂的用户阅读信息中正确分析出用户真实的阅读需求与参与现状。最后，培训中还应重视对服务人员策划能力的培养，使策划的推广目标与资源与用户需求有效匹配，满足用户需求。

阅读服务要重视对服务人员的培训，通过培训工作，提高推广服务人员的理论与实践能力，从而提升阅读推广质量，实现服务人员与阅读活动的双赢发展。

(3)强调用户的深度参与，促进阅读服务质量与用户满意度的有效提升。

阅读服务质量的优劣取决于用户阅读需求的满足程度。目前，我国大部分图书馆的推广服务活动在推广内容的收集与整合阶段、推广方式的计划与安排阶段、推广环境的布局与搭建阶段均很少有用户参与，多数服务均为设计、策划好相关的活动后邀请用户参与，用户对服务的设计、策划参与较少。此外，通过开展阅读反馈与评论后再对设计流程进行改进，改进的难度较大，成本也较高。用户参与推广的设计，能使服务在设计策划阶段根据用户的动态需求不断调整，契合用户的真实阅读需求与特征，有效弥补推广的不足，提升服务质量。

强调用户的深度参与，通过积极与用户开展联系，在相互信任、相互支持的基础上，形成合作共建机制。通过用户参与的信息分享将用户对推广的大量知识、经验、资源、看法、观点、感悟进行有效获取、理解，并在推广的实践中，共同探讨、协同开发，将用户真实阅读需求、偏好有效整合到服务流程中，使用户成为阅读活动的主角，激发其参与感和成就感，最终获取个人在阅读过程中的意义感和满足感，真正实现推广服务质量的显著提升。

(4)规范推广服务的流程，科学开展推广服务。

阅读推广服务质量管理需要重视推广流程的规范化，避免不经考虑、随心所欲地开展服务。

当前，图书馆阅读推广服务实践中，由于推广过程比较复杂，难以清晰地描述与厘清，因此，许多服务在开展时没能实现流程的规范化与标准化。要科学化地实现推广服务，为用户提供优质的阅读推广服务，则需要明确推广工作由哪些阶段性任务组成、各任务有着怎样的执行条件与规则、各阶段任务间的连接关系如何等问题，这就需要建立科学高效的服务流程，提升质量管理水平。

实现科学、合理、高效的质量管理，需要对服务的前期管理、设计管理、过程管理、改进管理四个方面进行有效集成，即使四个阶段发挥各自的作用，又形成互补的衔接关系，通过四个阶段为一组的活动，使所有的活动整合起来，形成一个有机的整体，完成推广目标，为实现阅读推广活动的反应快速化、服务敏捷化、质量高效化做出贡献。

9.3　研究局限与展望

本研究由于实际的操作难度以及团队成员的能力所限，还存在一定的局限性。

（1）研究样本具有局限性。在前期用户满意度的影响因素研究中，访谈与问卷调查收集的样本具有一定的区域局限性，大部分样本来源于四川、重庆地区，少部分数据来源于上海、广州地区，其他省份的样本较为缺乏。且近一半的研究对象为大学生用户，其他社会用户占比不足。相关的研究结论能否全面反映用户的阅读状况还需进一步验证。

（2）研究结论的推广性问题。研究提出的阅读推广服务质量管理策略仅在一所大学的阅读推广服务中开展了推广实验，因时间、场地、人员的限制，研究结论尚未能对其他社会用户开展推广使用，结论是否对其他用户具有同样的效果，是否具有广泛的代表性，仍有待验证。

（3）研究结论的跟踪性问题。在最后的实验研究中，仅对用户参与活动后的认知、行为、情感进行了评估，缺乏活动对用户长期阅读行为、习惯的影响研究。

伴随着新技术的飞速发展及用户需求的动态变化，阅读推广服务质量管理将不断面临新情况、新问题。图书馆要做到审时度势、与时俱进，以宏观的思维分析推广服务管理的全局，做到顺势而动、统筹兼顾，因此，基于用户满意度视角的推广服务质量管理仍需在以下方面进行深入、系统、全面的研究和实践检验。

（1）扩展研究样本的数量及研究对象的多样性，深入验证相关结论的全面代表性是后期研究的重点之一。在今后的研究中，应以本研究为基础，拓展不同地域、不同阅读用户身份，增加研究对象的人数及其身份的多样性，以期更加全面、可信地考察用户满意度的影响因素及阅读推广质量管理相关策略的有效性。

（2）不断深化研究内容。在本研究中，研究了用户个体需求、行为与用户满意度之间的关联关系，但用户的满意度还可能受到个体所处的社会环境、家庭环境、阅读心理与情绪、个人阅读经验、认知能力等多种因素的影响，因此，在未来的研究中，应该更详细、更全面地建立用户个体因素与用户满意度之间的假设关系，通过研究进一步厘清其相关关系，补充用户满意度的相关理论。

（3）持续优化阅读数据，注重数据隐私。在下一步的研究中，可以探讨如何具体创建统一的阅读数据存储数据库，整合现有的相关数据，收集、汇总参与活动的用户及潜在用户的阅读数据，并设置一个数字流程以不断丰富和更新这些数据。此外，还可以探讨确定使用哪些具体算法与流程对复杂的数据进行运算，帮助实现对深奥数据的挖掘与分析，实现智能化、可视化的数据呈现，使图书馆能通过数据获得对推广的全局性了解，不断强化服务的推荐与预测能力，提升用户阅读体验。对用户阅读数据的保护，也是不可回避的。在下一步的研究中，应考虑制订相应的流程对用户提供的个人信息与阅读数据提供充分的保护，对于极为敏感的用户数据，更要通过技术手段来实现加密与屏蔽，以保护用户的隐私。

(4)不断完善模型中提升质量的方法，如：在推广环境的搭建中，可以建立阅读社群，使用户与用户、用户与推广服务信息之间开展有效连接；在对用户开展阅读监控时，建立自动触发机制，实时反馈用户阅读的不良状态，以便推广人员更快、更好地引导与规范用户的行为。在具体的推广实践中，不断考虑利用新的技术或策略优化、提升和强化用户的满意度。对不同类型的推广活动，分类展开差异化的详细论述，使提出的不同类型的推广方法更具有现实指导意义。

(5)开展持续的评估工作。通过长期的跟踪调查，收集阅读推广服务结束后用户回到各自原有的生活、工作中时阅读的信息、状态、能力等方面的信息，深入了解通过开展服务质量管理促进用户将所阅读内容迁移应用于工作生活的程度，以及对阅读习惯、态度的养成的长期作用。这部分工作也是未来研究中应该努力的方向。

参 考 文 献

奥苏伯尔. 1994. 教育心理学——认知观点[M]. 佘星南, 宋钧, 译. 北京: 人民教育出版社.

布卢姆. 1986. 教育目标分类学第一分册: 认知领域[M]. 罗黎辉, 等译. 上海: 华东师范大学出版社.

蔡淑琴, 王庆国, 汤云飞. 2004. 客户关系管理与客户服务研究综述[J]. 预测, 23(5): 10-14.

曹瑄玮, 席酉民. 2008. 区域产业集群内信任关系的形成与构建[J]. 研究与发展管理, (4): 28-34.

陈小平. 2012. 员工参与对工作满意度和员工绩效影响实证研究[J]. 理论导刊, (2): 93-95.

淳姣, 姜晓, 姜婷婷, 等. 2015. 图书馆阅读推广评估引入 CBBE 模型研究[J]. 图书馆论坛, 35(1): 48-53, 104.

戴维·诺克, 杨松. 2012. 社会网络分析[M]. 李兰, 译. 上海: 格致出版社.

戴忠恒. 1992. 情感目标的分类及其测量方法[J]. 心理科学, (3): 37-43, 67.

邓香莲. 2012. 少年儿童阅读需求及阅读引导效果实证研究——基于新闻出版总署发布的少年儿童推荐书目[J]. 出版科学,
　　(2): 70-73.

丁振伟. 2015. 论全民阅读志愿者队伍及其支撑作用[J]. 图书情报工作, (5): 16-19.

范并思. 2016. 阅读推广的服务自觉[J]. 图书与情报, (6): 72-76.

范并思, 王巧丽. 2015. 阅读推广的管理自觉[J]. 图书馆论坛, 35(10): 8-14.

范钧. 2011. 顾客参与对顾客满意和顾客公民行为的影响研究[J]. 商业经济与管理, 1(1): 68-75.

范秀成, 刘建华. 2004. 顾客关系、信任与顾客对服务失败的反应[J]. 南开管理评论, (6): 9-14.

菲利普·科特勒. 2010. 市场营销原理 [M]. 北京: 中国人民大学出版社.

格里高利·曼昆. 2003. 经济学原理 [M]. 梁小民, 译. 北京: 机械工业出版社.

耿爱生, 刘海英, 同春芬. 2014. 社会调查方法[M]. 北京: 知识产权出版社.

耿立沙, 孔造杰, 耿立校. 2016. QFD 顾客需求重要度确定方法创新研究[J]. 当代经济管理, 38(9): 20-25.

顾巍, 范贵华, 唐华. 2004. 顾客满意与顾客忠诚的关系研究[J]. 软科学, (5): 22-25.

桂胜, 田北海. 2006. 用户阅读需求与公共图书馆馆藏建设——以湖北省图书馆的用户调查为例[J]. 中国图书馆学报, (3):
　　103-107.

国家新闻出版广电总局. 2016. 关于开展 2016 年全民阅读工作的通知[EB/OL]. [2016-02-25]. http://www.xinhuanet.com/politics/
　　2016-02/25/c_128751788.htm.

韩经纶, 董军. 2006. 顾客感知服务质量评价与管理[M]. 天津: 南开大学出版社.

韩经纶, 韦福祥. 2001. 顾客满意与顾客忠诚互动关系研究[J]. 南开管理评论, (6): 8-10, 29.

郝宁, 汤梦颖. 2017. 动机对创造力的作用: 研究现状与展望[J]. 华东师范大学学报(教育科学版), 35(4): 107-114, 138.

洪伟达, 马海群. 2018. 图书馆阅读推广规范研究[J]. 图书情报知识, (1): 36-43.

洪志生, 苏强, 霍佳震. 2012. 服务质量管理研究的回顾与现状探析[J]. 管理评论, 24(7): 152-163.

侯国林, 黄震方. 2010. 旅游地社区参与度熵权层次——分析评价模型与应用[J]. 地理研究, 29(10): 1802-1813.

黄海艳, 乾文. 2011. 研发团队的人际信任对创新绩效的影响——以交互记忆系统为中介变量[J]. 科学学与科学技术管理,
　　32(10): 173-179.

黄健. 2013. 高校阅读推广活动的影响因素及其评价[J]. 大学图书馆学报, 31 (2): 93-96.

加涅. 1999. 学习的条件和教学论[M]. 皮连生, 王映学, 郑葳, 等译. 上海: 华东师范大学出版社.

简妮·爱丽丝·奥姆罗德. 2015. 学习心理学[M]. 6 版. 汪玲, 等译. 北京: 人民大学出版社.

江雯雯. 2013. 志愿服务在社会主义核心价值观建构中的作用探析[D]. 合肥: 合肥工业大学.

朗志正. 1995. 《质量管理和质量体系要素第二部分: 服务指南》宣贯指南[M]. 北京: 中国标准出版社.

李金花. 2011. 大学图书馆阅读促进活动效果评估[D]. 杭州: 浙江大学.

李立维, 张海峰, 张伟, 等. 2016. 洞悉"互联网+"风已至·势必行[M]. 北京: 人民邮电出版社.

李锐, 刘金刚, 田明, 等. 2013. 大学生阅读需求满足情况实证研究[J]. 当代图书馆, (2): 71-74, 79.

李武. 2017. 感知价值对电子书阅读客户端用户满意度和忠诚度的影响研究[J]. 中国图书馆学报, 43 (6): 35-49.

李杨, 陆和建. 2018. 我国全民阅读推广长效机制建设研究[J]. 图书馆工作与研究, (6): 113-118.

林崇德. 2003. 心理学大辞典[M]. 上海: 上海教育出版社.

刘建森. 2006. 顾客需求的非对称性和动态性对新产品开发的影响[J]. 技术经济, (9): 20-23, 27.

刘军. 2012. 数据挖掘在读者阅读需求偏好研究中的应用[J]. 图书馆论坛, (3): 89-93.

刘银娣. 2018. 用户发展与连接学习: 英美阅读推广战略及其给我国的启示[J]. 出版发行研究, (6): 81-85.

龙叶, 刘彦庆. 2011. 民间促读机构促进全民阅读策略研究[J]. 图书馆建设, (5): 93-96.

娄建国. 2015. 高铁时代旅客阅读需求分析[J]. 科技与出版, (4): 55-58.

卢家楣. 2015. 对情感教学心理研究的思考与探索[J]. 心理发展与教育, 31 (1): 78-84.

陆士桢. 2006. 和谐社会中大学生的角色建构[J]. 中国青年政治学院学报, (1): 1-6.

马丽. 2018. 移动阅读新形式探析——以微信读书为例[J]. 出版广角, (22): 41-43.

马永斌. 2015. 产品消费过程中的同伴影响效应[M]. 杭州: 浙江大学出版社.

茆意宏, 崔倩倩. 2015. 农民移动阅读需求实证研究[J]. 国家图书馆学刊, (1): 70-77.

宁本涛. 2015. 提升学校教育督导效能的校长满意度研究[J]. 教育研究, 421 (2): 86-91.

乔红丽. 2017. 图书平台类 App 移动阅读服务满意度影响因素[J]. 图书馆杂志, 36 (4): 25-31.

瞿艳平. 2011. 国内外客户关系管理理论研究述评与展望[J]. 财经论丛, 158 (3): 111-116.

申跃, 赵平. 2004. BB 模型和经验贝叶斯方法在抱怨行为倾向性研究中的应用[J]. 统计研究, (11): 55-59.

施徐敢, 赵小明, 张石清. 2014. 人脸表情识别研究的新进展[J]. 实验室研究与探索, 33 (10): 103-107, 287.

司莉, 邢文明. 2011. Web2.0 环境下用户参与的图书馆信息组织模式及其影响研究[J]. 图书馆论坛, (6): 199-206.

苏秦. 2005. 现代质量管理学[M]. 北京: 清华大学出版社.

王丽丽, 吕巍, 黄静, 等. 2009. 服务不满意情境下的消费者反应类型测评及高阶因子分析[J]. 南开管理评论, 12 (4): 19-25, 43.

王莉, 罗瑾琏. 2012. 产品创新中顾客参与程度与满意度的关系——基于高复杂度产品的实证研究[J]. 科研管理, 33 (12): 1-9.

王陆. 2008. 信息化教育研究中的新内容: 互动关系研究[J]. 电化教育研究, 177 (1): 11-17.

王宁, 曾元祥. 2015. 加强图书评论工作, 服务人民阅读需求[J]. 出版科学, (3): 108-110.

王琦, 陈文勇. 2014. 高校图书馆移动阅读服务利用率的影响因素与应对策略[J]. 图书馆学研究, (18): 59-63, 43.

王素芳, 孙云倩, 王波. 2013. 图书馆儿童阅读推广活动评估指标体系构建研究[J]. 中国图书馆学报, 39 (6): 41-52.

王曰芬, 章成志, 张蓓蓓, 等. 2007. 数据清洗研究综述[J]. 现代图书情报技术, (12): 50-56.

望海军, 汪涛. 2007. 顾客参与、感知控制与顾客满意度关系研究[J]. 管理科学, (3): 48-54.

威廉·G·齐克蒙德, 小雷蒙德·迈克利奥德, 法耶·W·吉尔伯特. 2010. 客户关系管理: 营销战略与信息技术的整合[M]. 胡左浩,贾崧，杨志林，译. 北京: 中国人民大学出版社.

吴建中. 2012. 新常态 新指标 新方向(2012 中国图书馆年会主旨报告)[J]. 图书馆杂志，(12): 2-6.

吴明隆. 2009. 结构方程模型——AMOS 的操作与应用[M]. 重庆: 重庆大学出版社.

武文珍，陈启杰. 2017. 基于共创价值视角的顾客参与行为对其满意和行为意向的影响[J]. 管理评论，29(9): 167-180.

夏立新，李成龙，孙晶琼. 2015. 多维集成视角下全民阅读评估标准体系的构建[J]. 中国图书馆学报，41(6): 13-28.

谢蓉，刘炜，赵珊珊. 2015. 试论图书馆阅读推广理论的构建[J]. 中国图书馆学报，41(5): 87-98.

谢燕，邹军. 2019. 高校图书馆阅读推广质量评价指标体系研究[J]. 图书馆学研究，(2): 89-93, 25.

徐芳，张惠萍. 2018. 网络读书频道用户体验满意度调查与分析[J]. 图书馆，(2): 58-62.

杨永恒，王永贵，钟旭东. 2002. 客户关系管理的内涵、驱动因素及成长维度[J]. 南开管理评论，(2): 48-52.

伊丽莎白•罗森茨维格. 2017. 成功的用户体验: 打造优秀产品的 UX 策略与行动路线图[M]. 赵利通，译. 北京: 机械工业出版社.

余小玲. 2015. 基于用户参与的图书馆阅读推广活动质量评价研究[J]. 图书馆界，(1): 67-70.

约翰·安德森. 2012. 认知心理学[M]. 秦裕林，译. 北京: 人民邮电出版社.

约翰·斯科特. 2007. 社会网络分析法[M]. 刘军，译. 重庆: 重庆大学出版社: 54-85.

岳修志. 2012. 基于问卷调查的高校阅读推广活动评价[J]. 大学图书馆学报，30(5): 101-106.

张欢，谭英，夏圆. 2019. 全面质量管理视角下的阅读推广研究[J]. 图书情报工作，63(3): 73-79.

张辉，汪涛，刘洪深. 2011. 顾客参与了为何仍不满意——顾客参与过程中控制错觉与顾客满意的关系研究[J]. 南开管理评论，14(5): 153-160.

张泸月. 2016. 基于社交网络的群组式阅读推广模式研究[J]. 图书情报工作，60(17): 53-58.

张泸月，蹇超，唐琼. 2018. 大学生志愿者参与阅读推广服务的内在动机研究[J]. 图书情报工作，62(17): 12-19.

张泸月，熊芳. 2017. 阅读推广视域下用户参与协同服务与用户满意度关联研究[J]. 图书馆工作与研究，(2): 45-50, 65.

张泸月，许统. 2017. 阅读推广过程中用户关系管理的内涵、系统与实现路径[J]. 图书情报工作，61(15): 89-94.

张泸月，许统，熊芳. 2017. 用户多维度阅读交互对阅读满意度的影响效应研究[J]. 图书情报知识，3(3): 29-37.

张麒麟. 2015. 国外阅读立法对阅读推广的影响研究[J]. 图书情报工作，59(23): 11-16.

赵建彬，景奉杰，余樱. 2015. 品牌社群顾客间互动、心理契约与忠诚关系研究[J]. 经济经纬，32(3): 96-101.

赵文军，谢守美. 2019. 大学生移动阅读感知价值、满意度与行为意向的关系: 以超星移动阅读 APP 平台为例[J]. 图书情报工作，63(3): 98-107.

赵振杰. 2015. 当代中国大学师生关系管理探析[J]. 教师教育研究，(5): 89-93.

左珊，毛太田. 2019. 高职院校图书馆阅读推广活动读者满意度指数模型研究[J]. 高校图书馆工作，39(1): 66-69.

Akao Y. 1990. Quality Function Deployment: Integrating Customer Requirements into Product Design[M]. Cambridge, MA: Productivity Press.

Anderson E W, Sullivan M W. 1993. The antecedents and consequences of customer satisfaction for firms[J]. Marketing Science, 12(2): 125-143.

Anton C, Camarero C, Rodriguez J. 2018. Pleasure in the use of new technologies: the case of e-book readers[EB/OL]. [2018-3-22]. http://uvadoc.uva.es/bitstream/10324/22958/1/Online%20Information%20Review-2017.pdf.

Asterhan C S C, Hever R. 2016. Learning from reading argumentive group discussions in Facebook: rhetoric style matters (again)[J]. Computers in Human Behavior, (53): 570-576.

Bagozzi R P. 1995. Reflections on relationship marketing in consumer markets[J]. Journal of the Academy of Marketing Science, 23(4): 272-277.

BalesR F. 1999. Social Interaction Systems: Theory and Measurement[M]. New Jersey: Transaction Publishers.

Becherg S. 1988. A Theory of Social Interaction[M]. Chicago: Stanford University Press.

Bendapudi N, Leone R P. 2003. Psychological implications of customer participation in co-production[J]. Journal of Marketing, 5(1): 14-28.

Bettencourt L A. 1997. Customer voluntary performance: customers as partners in service delivery[J]. Journal of Retailing, 3(3): 383-406.

Bhatti W A. 2017. Identifying customer needs through knowledge sharing in inter-firm relationships[J]. Journal of Promotion Management, 24: 607-616.

Blau I, Barak A. 2012. How do personality, synchronous media, and discussion topic affect participation[J]. Educational Technology & Society, 15(2): 12-24.

Boakye N A N Y, Mai M M. 2016. A needs analysis for a discipline-specific reading intervention[J]. English Language Teaching, (3): 235.

Bolton R, Saxena-Iyer S. 2009. Interactive services: a Framework, synthesis and research directions[J]. Journal of Interactive Marketing, 23(1): 91-104.

Bosuwon T, Woodrow L. 2009. Developing a problem-based course based on needs analysis to enhance English reading ability of Thai undergraduate students[J]. RELC Journal, 40(1): 42-64.

Bowen J T, Chen S L. 2001. The relationship between customer loyalty and customer satisfaction[J]. International Journal of Contemporary Hospitality Management, 13(5): 213-217.

Bowren F F. 1987. Adult reading needs adult research models[J]. Journal of Reading, 31(3): 208-212.

Brashear T G, Boles J S, Bellenger D N, et al. 2003. An empirical test of trust-building processes and outcomes in sales manager-salesperson relationships[J]. Journal of the Academy of Marketing Science, 31(2): 189-200.

Brogowicz A A, Delene L M, Lyth D M. 1989. A synthesised service quality model with managerial implications[J]. International Journal of Service Industry Management, 1(1): 27-45.

Cachon G P, Fisher M. 2008. Supply chain inventory management and the value of shared Information[J]. Management Science, (8): 1032-1048.

Cardozo R N. 1965. An experimental study of customer effort, expectation, and satisfaction[J]. Journal of Marketing Research, 2(8): 244-249.

Celano D, Neuman S B. 2018. The role of public libraries in Children's Literacy Development: an evaluation report[R/OL]. [2018-11-1].https://www.researchgate.net/publication/242291715_The_Role_of_Public_Libraries_in_Children%27s_Literacy_Development_An_Evaluation.

Cermak D S P, File K M, Prince R A. 1994. Customer participation in service specification and delivery[J]. Journal of Applied Business Research, 10(2): 90-100.

Chang H H, Kimj K, Sang H C. 2004. Prioritizing engineering characteristics in quality function deployment with incomplete information: a linear partial ordering approach[J]. International Journal of Production Economics, 91(3): 235-249.

Churchill G A. 1982. An investigation into the determinants of consumer satisfaction[J]. Journal of Marketing Research, 11: 491-504.

Claycomb C, Lengnickhal C A, Inks L W. 2001. The customer as a productive resource: a pilot study and strategic implications[J]. Journal of Business Strategies, (1): 47- 52 .

Cronin J J, Taylor S A. 1992. Measuring service quality: a reexamination and extension[J]. Journal of Marketing, (3): 55-68.

Cunningham J W. 2001. Report of the National Reading Panel: teaching children to read: an evidence-based assessment of the scientific research literature on reading and its implications for reading instruction[J]. Reading Research Quarterly, 36 (3): 326-335.

Dehyun S. 1999. Experiential marketing: how to get customers to sense, feel, think, act and relate to your company and brands[J]. Journal of Tourism & Leisure Research, 14 (7): 23-34.

Dick A S, Basu K. 1994. Customer loyalty: toward an integrated conceptual framework[J]. Journal of the Academy of Marketing Science, 22 (2): 99-113.

Ennew C, Binks R. 1999. Impact of participative service relationships on quality, satisfaction and retention: an exploratory study[J]. Journal of Business Research, (2): 121-132.

Fang E. 2008. Customer participation and the trade-off between new product innovativeness and speed to market[J]. Journal of Marketing, 2 (4): 90-104.

Feigenbaum A V. 1991. Total Quality Control[M]. New York: McGraw-Hill.

Fornell C, Wernerfelt B. 1988. A model for customer complaint management[J]. Marketing Science, (3): 287-298.

Gagne M. 2003. The role of autonomy support and autonomy orientation in prosocial behavior engagement[J]. Motivation Emotion, 27 (3): 199-223.

Gladwin R, Goulding A. 2012. Recreational reading in university libraries in the United Kingdom[J]. New Review of Academic Librarianship, 18 (2): 140-164.

Gouthier M, Schmid S. 2003. Customers and customer relationships in service firms: the perspective of the resource-based view[J]. Marketing Theory, 3 (1): 119-143.

Greenwood C R, Tapia Y, Abbott M, et al. 2003. A building-based case study of evidence-based literacy practices: implementation, reading behavior, and growth in reading fluency, K-4[J]. Journal of Special Education, 37 (2): 95-110.

Gronroos C. 1998. Marketing services: the case of a missing product[J]. Journal of Business &Industrial Marketing, 13 (5) : 322-338.

Grove S J, Fisk R P. 1997. The impact of other customers on service experiences: a critical incident examination of "getting along"[J]. Journal of Retailing, 3 (1): 63-85.

Gryna F M, Bingham R S, Juran J M. 1962. Quality Control Handbook[M]. New York: McGraw-Hill.

Guldager N, Krueger K, Taylor J. 2016. Reading promotion events recommended for elementary students[J]. Teacher Librarian, 43 (5): 13-19.

Hall C, Coles M. 2019. The children's reading choices project[EB/OL]. [2019-04-01]. https://files.eric.ed.gov/fulltext/ED474620.pdf.

Hardy C, Phillips N, Lawrence T B. 2003. Resources, knowledge and influence: the organizational effects of interorganizational collaboration[J]. Journal of Management Studies, 40 (2): 321-347.

Heyns B. 1979. Summer Learning and the Effects of Schooling[M]. Massachusetts: Academic Press Inc.

Holbrook M B, Hirschman E C. 1982. The experiential aspects of consumption: consumer fantasies, feelings, and fun[J]. Journal of Consumer Research, (2): 132-140.

Holland J L. 1996. Exploring careers with a typology: what we have learned and some new directions[J]. American Psychologist,

51（4）: 397-406.

Holste J S, Fields D. 2010. Trust and tacit knowledge sharing and use[J]. Journal of Knowledge Management, 14（1）: 128-140.

Howard J A, Sheth J N. 1971. The theory of buyer behavior[J]. Journal of the American Statistical Association, 35（1）: 102.

Huang K l, Chen K H, Ho C H. 2014. Promoting in-depth reading experience and acceptance: design and assessment of Tablet reading interfaces[J]. Behaviour & Information Technology, 33（6）: 606-618.

Ivanka Stričević. 2011.Using research to promote literacy and reading in libraries: guidelines for librarians[M]. Hrvatska znanstvena bibliografija i MZOS-Svibor.

Johnson D M, Edgar L D, Shoulders C W, et al. 2016. Relationship between engagement and satisfaction among seniors at a mid-south land grant university[J]. College Student Journal, 50（3）: 335-346.

Jones J, Conradi K, Amendum S. 2016. Matching interventions to reading needs: a case for differentiation[J]. Reading Teacher, 70（3）: 307-316.

Kalra A, Boulding W. 1993. A dynamic process model of service quality: from expectations to behavioral intentions[J]. Journal of Marketing Research, 30（1）: 7-27.

Kano N. 1984. Attractive quality and must-be quality[J]. The Journal of Japanese Society for Quality Control, 14（2）: 147-156.

Kano N, Seraku N, Takahashi F, et al. 1984. Attractive and normal quality[J]. Quality, 14: 37-45.

Kelloggd L, Youngdahlw E, Bowen D E. 2013. On the Relationship between customer participation and satisfaction: two frameworks[J]. International Journal of Service Industry Management, （3）: 206-219.

Kiili C, Laurinen L, Marttunen M, et al. 2012. Working on understanding during collaborative online reading[J]. Journal of Literacy Research, 44（4）: 448-483.

Kotler P. 1973. Atmospherics as a marketing tool[J]. Journal of Retailing, 49（4）: 48-64.

Krogh G V, Ichijo K, Nonaka I. 2000. Enable Knowledge Creation: How to Unlock the Mystery of Tacit Knowledge and Release the Power of Innovation[M]. Oxford : Oxford University Press.

Landoni M, Hanlon G. 2007. E-book reading groups: interacting with e-books in public libraries[J]. The Electronic Library, 25（5）: 599-612.

Langendonk A, Broekhof K. 2017. The art of reading: the national dutch reading promotion program[J]. Public Library Quarterly, （2）: 1-25.

Law L C, Roto V, Hassenzahl M, et al. 2009. Understanding, scoping and defining user experience: a survey approach[C]//Sigchi Conference on Human Factors in Computing Systems. ACM: 719-728.

Lee Y. 2014. Promise for enhancing children's reading attitudes through peer reading: a mixed method approach[J]. Journal of Educational Research, 107（6）: 482-492.

Lewin K. 2013. A dynamic Theory of Personality[M]. 北京: 中国传媒大学出版社.

Lloyd A E. 2003. The role of culture on customer participation in service[D]. Hong Kong: The Hong Kong Polytechnic University.

Locke E A. 1976. The nature and causes of job satisfaction[Z]. Handbook of Industrial and organizational Psychology.

Manzo U, Manzo A. 2013. The informal reading- thinking inventory: twenty-first-century assessment formats for discovering reading and writing needs-and strengths[J]. Reading & Writing Quarterly, 29（3）: 231-251.

Marinak B A, Gambrell L B. 2010. Reading motivation: exploring the elementary gender gap[J]. Literacy Research and Instruction, 49（2）: 129-141.

Martin E R, Library L S, Director A, et al. 2006. Team effectiveness in academic medical libraries: a multiple case study[J]. Journal of the Medical Library Association, 4(3): 271-278.

Maslow A H. 1943. A theory of human motivation[J]. Psychological Review, (1): 370-396.

Matzler K, Renzl B. 2006. The relationship between interpersonal trust, employee satisfaction, and employee loyalty[J]. Total Quality Management & Business Excellence, 17(10): 1261-1271.

Mcallister D J. 1995. Affect-and cognition-based trust as foundations for interpersonal cooperation in organizations[J]. Academy of Management Journal, 38(1): 24-59.

McGill-Franzen A, Allingto R. 2017. Lost summers: few books and few opportunities to read[R/OL]. [2017-5-2]. https://www.readingrockets.org/article/lost-summers-few-books-and-few-opportunities-read.

Minge M, Thüring M. 2018. Hedonic and pragmatic halo effects at early stages of user experience[J]. International Journal of Human-Computer Studies, 109: 13-25.

Mitchell C C. 2015. Learning from rising sixth grade readers: how nooks shaped students' reading behaviors during a summer independent reading initiative[J]. Literacy Research & Instruction, 5(1): 1-24.

Monteiro V. 2013. Promoting reading motivation by reading together[J]. Reading Psychology, 34(4): 301-335.

Morrill C, Thomas C K. 2010. Organizational conflict management as disputing process: the problem of social escalation[J]. Human Communication Research, 18(3): 400-428.

Morrow L M, Smith J K. 1990. Assessment for instruction in early literacy[M]. New Jersey: Prentice Hall.

Mustak M, Jaakkola E, Halinen A. 2013. Customer participation and value creation: a systematic review and research implications[J]. Managing Service Quality, 23(4): 341-359.

Nambisan P, Watt J H. 2011. Managing customer experiences in online product communities[J]. Journal of Business Research, 4(8): 889-895.

Ncube S P, Suleman H. 2017. Learner Satisfaction in eTextbook Co-reading: A comparative study of internal and external forums[C]// International Conference on Mobile, Hybrid, and On-line Learning.

Nunnally J. 1978. Psychometric Theory[M]. New York: McGraw-Hill.

Oliver R L, Burke R R. 1999. Expectation processes in satisfaction formation: a field study[J]. Journal of Service Research, 1(3): 196-214.

Oliver R L. 1980. A cognitive model of the antecedents and consequences of satisfaction decisions[J]. Journal of Marking Research, 17(4): 460-469.

Pantic M, Rothkrantz L J M. 2004. Facial action recognition for facial expression analysis from static face images[J]. IEEE Transactions on Systems, Man & Cybernetics: Part B, 34(3): 1449-1461.

Paris A H, Paris S G. 2003. Assessing narrative comprehension in young children[J]. Reading Research Quarterly, 38(1): 36-76.

Parker C, Ward P. 2000. An analysis of role adoptions and scripts during customer to customer encounters[J]. European Journal of Marketing, 34(3/4): 341-359.

Pavot W, Diener E. 1993. Review of the satisfaction with life scale[J]. Psychological Assessment, 5(2): 164-172.

Penistone E. 2016. Quick reads evaluation 2016[EB/OL]. [2017-12-3]. https://readingagency.org.uk/adults/Quick%20Reads%20Learning%20and%20Work%20Evaluation%20Report%202015%20FINAL.pdf.

Pine B J, Gilmore J H. 1999. The Experience Economy: Work is Theatre & Every Business a Stage[M]. Boston: Harvard Business

School Press.

Ping R A. 1993. The effects of satisfaction and structural constraints on retailer exiting, voice, loyalty, opportunism, and neglect[J]. Journal of Retailing, (3): 320-352.

Rap J. 1997. Voice in business-to-business relationships: cost-of-exit and demographic antecedents[J]. Journal of Retailing, 3(2): 261-281.

Rojas-Drummond S, Mazon N, Littleton K, et al. 2014. Developing reading comprehension through collaborative learning[J]. Journal of Research in Reading, (2): 138-158.

Rosander A C. 1980. Service industry QC: is the challenge being met?[J]. Quality Progress, 9: 12-15.

Saboo A R, Kumar V, Paek I. 2016. Using big data to model time-varying effects for marketing resource (RE) allocation[J]. MIS Quarterly, 40(4): 911-939.

Sasser W E, Olsen R P, Wyckoff D D. 1978. Management of Service Operations: Text, Cases, and Readings[M]. Boston: Allyn and Bacon.

Schmitt B H, Martínez M. 1999. Experiential marketing[J]. Journal of Marketing Management, 15(1-3): 53-67.

Shapiro E S. 2008. Best Practices in School Psychology[M]. Bethesda, MD: National Association of School Psychologists.

Shi S W, Pieters F G M. 2013. Information acquisition during online decision making: a model-based exploration using eye-tracking data[J]. Management Science, (5): 1009-1026.

Shippen M, Miller A, Patterson D. 2014. Improving adolescent reading skills in rural areas using evidence-based practices[J]. Rural Special Education Quarterly, 33(2): 12-17.

Silpakit P, Fisk R P. 1985. "Participating" the service encounter: a theoretical framework[C]//Services Marketing in a Changing Environment. Eds. American Marketing Association, Chicago: Illinois.

Smith J B, Barclay D W. 1997. The effects of organizational differences and trust on the effectiveness of selling partner relationships[J]. Journal of Marketing, 1(1): 3-21.

Sullivan L P. 1986. Quality function deployment[J]. Quality Progress, 19(6): 39-50.

Tait P, Vessey I. 1988. The effect of user involvement on system success: a contingency approach[J]. Mis Quarterly, 12(1): 91-108.

Tax S S, Brown S. 1998. Recovering and learning from service failure[J]. Sloan Management Review, 40(1): 75-88.

Taylor B M, Pearson P D, Peterson D S, et al. 2011. The CIERA school change framework: an evidence based approach to professional development and school reading improvement[J]. Reading Research Quarterly, 40(1): 40-69.

Taylor S A, Baker T L. 1994. An assessment of the relationship between service quality and customer satisfaction in the formation of consumers' purchase intentions[J]. Journal of Retailing, (2): 168-178.

Tullis T, Albert B. 2016. 用户体验度量: 收集、分析与呈现[M]. 周荣刚, 秦宪刚, 译. 北京: 电子工业出版社.

Vargo S L, Lusch R F. 2004. Evolving to a new dominant logic for marketing[J]. Journal of Marketing, 68(1): 1-17.

Vlieghe J, Vandermeersche G, Soetaert R. 2014. Social media in literacy education: exploring social reading with pre-service teachers[J]. New media & society, 18(5): 800-816.

Watson D, Clark L A, Tellegen A. 1988. Development and validation of brief measures of positive and negative affect: the PANAS scales[J]. J. Pers. Soc. Psychol., 4(6): 1063-1070.

Westbrook R A, OLiver R L. 1991. The dimensionality of consumption emotion patterns and consumer Satisfaction[J]. Journal of Consumer Research, 18(5):84-91.

Wickstro C. 2004. High school students need more than mandated phonics instruction[J]. English Journal, 93 (5): 66-71.

Woodruff R B, Gardial S F. 1996. Know Your Customer: New Approaches to Customer Value and Satisfaction[M]. Cambridge: Blackwell.

Woodruff R B, Schumann, D W, Gardial S F. 1993. Understanding value and satisfaction from the customer's point of view[J]. Survey Of Business, 29 (1): 33-42.

Young C, Mohr K A J, Rasinski T. 2015. Reading together: a successful reading fluency intervention[J]. Literacy Research & Instruction, 4 (1): 67-81.

Youngdahl W E, Kellogg D L, Nie W. 2003. Revisiting customer participation in service encounters: does culture matter[J]. Journal of Operations Management, (1): 109-120.

Zeithaml V A, Berry L L, Parasuraman A. 1996. The behavioral consequences of service quality[J]. Journal of Marketing, (2): 31-46.

Zeithaml V A, Berry L L, Parasuraman A. 1993. The nature and determinants of customer expectations of service[J]. Journal of the Academy of Marketing Science, 21 (1): 1.

Zhou M, Tian D. 2010. An integrated model of influential antecedents of online shopping initial trust: empirical evidence in a low-trust Environment[J]. Journal of International Consumer Marketing, 22 (2): 147-167.